Jugendwiderstand im Dritten Reich am Beispiel von drei Kölner Edelweißpiraten

Europäische Hochschulschriften
Publications Universitaires Européennes
European University Studies

Reihe III
Geschichte und ihre Hilfswissenschaften

Série III Series III
Histoire, sciences auxiliaires de l'histoire
History and Allied Studies

Bd./Vol. 1088

PETER LANG
Frankfurt am Main · Berlin · Bern · Bruxelles · New York · Oxford · Wien

Simone Dittmar

„Wir wollen frei von Hitler sein“

Jugendwiderstand im Dritten Reich am Beispiel von drei Kölner Edelweißpiraten

PETER LANG
Internationaler Verlag der Wissenschaften

Bibliografische Information der Deutschen Nationalbibliothek
Die Deutsche Nationalbibliothek verzeichnet diese Publikation in der Deutschen Nationalbibliografie; detaillierte bibliografische Daten sind im Internet über http://dnb.d-nb.de abrufbar.

Umschlagabbildung: Rolly Brings.

Gedruckt auf alterungsbeständigem,
säurefreiem Papier.

ISSN 0531-7320
ISBN 978-3-631-61473-0

www.peterlang.de

Geleitwort

In der Diskussion um den Widerstand gegen das nationalsozialistische Regime haben Protestaktionen Jugendlicher - jenseits der Weißen Rose - lange Zeit wissenschaftlich kaum Aufmerksamkeit gefunden. Erst mit einer Neudefinition des Widerstandsbegriffs, der nun auch Resistenz, Dissidenz und gesellschaftliche Verweigerung umfasste, wurde auch die Rolle unangepasster und (teil)oppositioneller Jugendlicher in den Blick genommen und neu bewertet.

Auch die Edelweißpiraten gehörten lange Zeit zu den Gruppen, die im Konflikt mit dem nationalsozialistischen Regime standen, deren Motivation und Gewicht innerhalb des Widerstandes jedoch in der kollektiven Erinnerung wie in der Wissenschaft umstritten blieb. Handelte es sich um „kriminelle“ oder „asoziale“ Jugendliche, die ohne politische Beweggründe aktiv wurden, oder um eine linksgerichtete, im Rahmen ihrer Möglichkeiten handelnde Widerstandsgruppe?

Diese Frage steht im Zentrum der Untersuchung von Simone Dittmar über diese Jugendliche aus dem Kölner Raum, die an der Grenzlinie von politischem Widerstand, gesellschaftlicher Dissidenz und jugendlicher Unangepasstheit zu verorten sind. Deutlich zeigt sie, dass die Edelweißpiraten zunächst einmal an die Tradition der Arbeiterjugendbewegung der Weimarer Republik wie auch an die Bündische Jugend anknüpften und sich in Auftreten und Freizeitaktivitäten daran orientierten. Der Weg in den Widerstand resultierte, wie die Autorin prägnant herausarbeitet, zum einen aus der Einengung ihres Aktionsraums durch das nationalsozialistische Regime und dessen Anspruch, sich seinen Normen und Vorstellungen zu beugen, zum anderen aus der unmittelbaren Erfahrung von politischer und rassischer Verfolgung in ihrem persönlichen Umfeld. Die sich hieraus ergebene Verschränkung von Unangepasstheit, Auflehnung und aktivem Widerstand zeichnet sie in beeindruckender Weise nach und stützt sich hierbei auf die mittlerweile recht differenzierte Literatur zu den Edelweißpiraten, aber auch auf deren Selbstzeugnisse, auf Materialien der Kölner Gedenkstätten sowie auf eigene Interviews mit noch lebenden ehemaligen Mitgliedern der Gruppe.

Aber nicht nur den Weg zu Verweigerung und Widerstand sowie hin zu Verfolgung, Verhaftung und öffentlicher Hinrichtung einzelner Mitglieder der Edelweißpiraten schildert sie prägnant, auch die zähen Auseinandersetzungen der Stadt Köln und des Landes Nordrhein-Westfalen nach 1945 mit Anerkennung und finanzieller Entschädigung sowie die lange Diskussion um Initiativen und Formen des Gedenkens beleuchtet sie eindringlich. Damit reicht die Untersuchung weit in die westdeutschen Debatten um den Umgang mit dem Widerstand gegen das nationalsozialistische Regime und mit der Frage der Rehabilitierung der Verfolgten hinein.

Frankfurt am Main, 8. Dezember 2010

Marie-Luise Recker

Vorwort

Die vorliegende Arbeit ist das Resultat einer über Jahre hinweg intensiven Beschäftigung mit der Edelweißpiratenbewegung:

2006 bei einem Besuch in Köln auf die Biographie von Gertrud Koch und das Schicksal dieser Jugendlichen aufmerksam geworden, bot sich mir im Rahmen des Hauptseminars „Deutschland im Zweiten Weltkrieg" im Sommersemester 2007 bei Frau Professor Dr. Marie-Luise Recker, die Möglichkeit erste Forschungen hierzu anzustellen. Von dem Mut und der Zivilcourage jener Arbeiterjugendlichen fasziniert, wurde es mir ein zentrales Anliegen, die Geschichte der Edelweißpiraten im Dritten Reich, aber auch die fehlende Anerkennung nach 1945 - beispielhaft ist hier der Briefwechsel zwischen der Mutter des ermordeten Bartholomäus Schink und der zuständigen Stelle für Wiedergutmachung der Stadtverwaltung Köln - zu thematisieren. Vom Desinteresse der Nachkriegsgesellschaft und der Ignoranz der zuständigen Behörden schockiert, setzte ich mir zum Ziel anhand von Zeitzeugenaussagen und Forschungsliteratur zu belegen, dass es sich bei den Aktivitäten der Edelweißpiraten nicht etwa um kriminelle Aktionen, sondern um Widerstand gegen das NS-Regime und deren Repräsentanten gehandelt hat.

Dem Seminar folgten weitere Recherchereisen nach Köln, die stets mit einem Besuch des EL-DE-Hauses, Sitz des NS-Dokumentationszentrums der Stadt Köln, verbunden waren. Mehrfach habe ich auch die ehemalige Hinrichtungsstätte von sechs Edelweißpiraten in Köln-Ehrenfeld aufgesucht, unter anderem bei den alljährlich am 10. November stattfindenden Mahn- und Gedenkveranstaltungen. Hier kam es in den Jahren 2009 und 2010 zu besonderen Begegnungen, die mir nachhaltig in Erinnerung geblieben sind: So beispielsweise mit Herrn Rolly Brings, der gemeinsam mit seiner Band die musikalische Gestaltung der Abende übernimmt und mir freundlicherweise seine Skizze als Titelbild zur Verfügung gestellt hat. Engagierten Kölner Bürgern, wie Rolly Brings und Josef Wirges, Bezirksbürgermeister des Stadtbezirks Ehrenfeld, ist es zu verdanken, dass die Erinnerung an die Edelweißpiraten auch in Zukunft im öffentlichen Bewusstsein präsent bleiben wird. Zu diesem Zweck wurde im vergangenen Jahr die wenig einladende Umgebung des Ehrenfelder Mahnmales hergerichtet und ein beeindruckendes Wandgemälde enthüllt.

Durch die freundliche Vermittlung von Frau Astrid Sürth, Bibliothekarin im NS-Dokumentationszentrum, erhielt ich im Januar 2010 die Möglichkeit Herrn Jean Jülich, Edelweißpirat und Zeitzeuge, zu einem Interview in seiner Kölner Wohnung zu treffen. Herr Jülich (Jahrgang 1929) war bei Kriegsende erst sechzehn Jahre alt und hatte bereits gravierende Erlebnisse, wie die Verhaftung seines Vaters, die eigene Unterbringung im Gestapogefängnis und die Ermordung seiner Freunde erleben müssen. Trotz dieser Schicksalsschläge hat er sich eine positive Lebenseinstellung bewahrt und sein ungebrochenes Engagement für die von den Nationalsozialisten ermordeten Freunde einzutreten, ist in höchstem Maße bewundernswert.

Bad Homburg v. d. Höhe, 31. Januar 2011

Simone Dittmar

Inhaltsverzeichnis

Abbildungsverzeichnis

Für meine Eltern
Rita und Herbert Dittmar

Danke.
Für alles.

Allen ehemaligen Edelweißpiraten gewidmet,
insbesondere Gertrud Koch, Jean Julich und Fritz Theilen.

Sowie den am 10.11.1944 in Köln-Ehrenfeld hingerichteten Jugendlichen
Gustav Bermel, Johann Müller, Franz Rheinberger, Bartholomäus Schink,
Adolf Schütz und Günter Schwarz.

Ihr seid nicht vergessen!

1 Einleitung

In Uwe Timms Debütroman „Heißer Sommer", der die deutsche Studentenbewegung der Jahre 1967/68 behandelt, heißt es: „Ullrich dachte an Albert, der nachts nach Giesing gefahren war, um dort Flugblätter in Hausflure zu legen. Nieder mit dem Henker Hitler, hatte auf dem Flugblatt gestanden. Gegen die Kriegstreiberei. Er hatte nie davon gehört, daß Arbeiter gegen Hitler gekämpft hatten. Von den Kommunisten war kaum geredet worden. Oder nur als Agenten und Spione für Rußland. Vaterlandsverräter."[1]

Ziel der vorliegenden Arbeit über die Edelweißpiraten aus Köln ist die ausführliche Darstellung des Widerstands der Arbeiterjugend im Dritten Reich, der wie das vorangegangene Zitat verdeutlicht, noch Jahrzehnte nach Kriegsende im Bewusstsein der Öffentlichkeit nicht existent war. Angehörige von hingerichteten Jugendlichen und überlebende Edelweißpiraten sahen sich nach 1945 nicht als Regimegegner gewürdigt, sondern als Kriminelle verunglimpft. Bezeichnenderweise waren diese Anschuldigungen aus Akten der Geheimen Staatspolizei (Gestapo) übernommen worden. In den 1980er Jahren weitete sich die öffentliche Diskussion zwischen den Befürwortern der Widerstands- und der Kriminalitätsthese zur Kölner Kontroverse aus und erst im Sommer 2005 gelang die offizielle Anerkennung der Edelweißpiraten als nationalsozialistische Widerstandskämpfer/-Innen. Anhand von Zeitzeugenaussagen soll der „Widerstand aus der Gosse"[2] erneut beleuchtet werden und einen Gegenentwurf - wenn auch in wesentlich geringerem Umfang - zur Dissertation von Bernd-A. Rusinek bilden, der sich innerhalb seiner wissenschaftlichen Arbeit in erster Linie auf jene Gestapoprotokolle gestützt hat.[3] Jean Jülich, ehemaliger Edelweißpirat, konstatiert: „Es ist wohl einfach ein Vorurteil: Die Edelweißpiraten stammen aus der Unterschicht, da haben sie nichts im Sinn mit Widerstand fürs Vaterland - basta. Da haben es die Leute von der Weißen Rose schon leichter, das waren Gymnasiasten, und so paßten die eben besser als Vorzeigewiderständler ins Konzept."[4]

---

1 Uwe Timm: Heißer Sommer. München 2008, S. 94-95.

2 Siehe Georg Bönisch: Widerstand aus der Gosse. In: Der Spiegel 45 (2005), S. 84-86.

3 Siehe Bernd-A. Rusinek: Gesellschaft in der Katastrophe. Terror, Illegalität, Widerstand Köln 1944/45. Essen 1989.

4 Interview mit Jean Jülich. In: Werner Jung/Andreas Neumann: Gegen den braunen Strom. Kölner WiderstandskämpferInnen in Portraits der Arbeiterfotografie Köln. Köln 2000, S. 107-108.

Fernab von den gebildeten, konservativen Eliten und studentischen Kreisen waren es innerhalb der Edelweißpiratenbewegung in erster Linie Kinder und Jugendliche aus dem Arbeitermilieu, die sich ganz bewusst einer Fremdbestimmung durch die Hitlerjugend (HJ) entzogen und sich in gleich gesinnten Gruppen zusammenfanden. Die Ursachen hierfür waren vielfältig: Zum einen schlossen sich Unzufriedene aus nichtigen Gründen, wie etwa mangelnde Aufstiegsmöglichkeiten für Arbeiterkinder innerhalb der HJ, den gegnerischen Gruppen an. Zum anderen partizipierten Jugendliche, wie Gertrud Koch geb. Kühlem, Jean Jülich und Fritz Theilen, die in klassischen Arbeitervierteln, sowie der KPD (Kommunistische Partei Deutschlands) und SPD (Sozialdemokratische Partei Deutschlands) nahe stehenden Elternhäusern aufwuchsen und daher unmittelbar nach 1933 die Verfolgung politisch Andersdenkender miterleben mussten. Auf die letztgenannten Jugendlichen soll der Fokus dieser Arbeit gerichtet sein, dabei wird die Entwicklung deren Biographien von ihrer ersten Oppositionshaltung hin zum aktiven Widerstand und dessen ganz unterschiedlichen Ausprägungen beleuchtet werden. Das Leben einiger Freunde von Koch, Jülich und Theilen endete unter tragischen Umständen: Gustav Bermel, Johann Müller, Franz Rheinberger, Bartholomäus Schink, Adolf Schütz und Günter Schwarz wurden am 10. November 1944 in Köln-Ehrenfeld - nachdem sie zuvor im Gestapogefängnis Brauweiler auf grausamste Art und Weise gefoltert und misshandelt worden waren - öffentlich und ohne Gerichtsurteil gehängt.

Der Paradigmenwechsel innerhalb der Zeitgeschichts- und Widerstandsforschung, Ende der 1970er- bzw. Anfang der 1980er Jahre, spielt bei der wissenschaftlichen Untersuchung der Thematik eine entscheidende Rolle.[5] Bis zu diesem Zeitpunkt wurde in der Geschichtswissenschaft der Fokus auf den „Mythos der großen Männer“ und die „Geschichte der Herrschenden“ gerichtet. Innerhalb des Forschungsprojekts „Bayern in der NS-Zeit. Herrschaft und Gesellschaft im Konflikt“ wurde der Begriff „Resistenz“ geprägt, der erstmals den Blick auf eine „Geschichte von unten“, sowie den Alltag im Dritten Reich erlaubte.[6] Im Zuge dieser neuen „Geschichtsbewegung“ kam es zu einer Wiederentdeckung der Edelweißpiraten, was anhand der frühen Arbeiten von Detlev Peukert und Matthias von Hellfeld bestätigt wird.[7]

---

5 Vgl. Kurt Schilde: Im Schatten der "Weißen Rose". Jugendopposition gegen den Nationalsozialismus im Spiegel der Forschung (1945 bis 1989). Frankfurt am Main, S. 137.

6 Siehe Martin Broszat: Resistenz und Widerstand. Eine Zwischenbilanz des Forschungsprojekts. In: Bayern in der NS-Zeit. Herrschaft und Gesellschaft im Konflikt, hg. von Ders./Elke Fröhlich/Anton Grossmann. München/Wien 1981.

7 Vgl. Schilde, Im Schatten der "Weißen Rose", S. 137.

Mit jener neuen Konzeption wurde, auch dank der Forschungstechnik „oral history", eine Geschichtsschreibung möglich, die neben den gesellschaftlichen Eliten, Arbeiterbiographien in ihre Forschungen mit einbezog. Lutz Niethammer fasst in seiner Einführung zu dem, von ihm herausgegebenen Band „Lebenserfahrung und kollektives Gedächtnis. Die Praxis der Oral History" zusammen: „Eine demokratische Zukunft bedarf einer Vergangenheit, in der nicht nur die Oberen hörbar sind."[8] Das Phänomen der Edelweißpiraten lässt sich nicht als eine Form des heroischen Widerstands kategorisieren. Vielmehr bewiesen jene Kinder und Jugendliche vor dem Hintergrund ihrer gescheiterten nationalsozialistischen Sozialisation, einen ungetrübten Instinkt, Recht von Unrecht zu unterscheiden, sowie, im Gegensatz zu vielen Erwachsenen ihrer Zeit, ein erhebliches Maß an Zivilcourage.

Nach einer eingehenden Untersuchung der Begriffsdefinition im folgenden Abschnitt wird in Kapitel 3.1 der Versuch unternommen, die Aktivitäten der Edelweißpiraten in die Traditionslinie der Arbeiterjugendzusammenschlüsse außerhalb der klassischen Arbeiterparteien und deren Jugendorganisationen einzuordnen. Die Lebensläufe unter 3.2 stellen die Hauptakteure Gertrud Koch, Jean Jülich und Fritz Theilen vor. Schlüsselerlebnisse in der Kindheit dieser drei Kölner Edelweißpiraten, wie auch wörtlich übernommene Zitate aus deren Biographien sollen explizit den zunehmenden Politisierungsprozess nachzeichnen, der schließlich in einer rigorosen Verfolgung durch die Gestapo mündete. Der Köln-Ehrenfelder-Komplex thematisiert die öffentliche Hinrichtung vom 10. November 1944, der u. a. Bartholomäus Schink, nachweislich ein aktiver Edelweißpirat, sowie fünf weitere Jungen zum Opfer fielen. Im folgenden Kapitel 7 wird die Auseinandersetzung mit dem Edelweißpiratenphänomen im Nachkriegsdeutschland zusammengefasst, beginnend mit den Bemühungen der Familie Schink den ermordeten Sohn zu rehabilitieren bis hin zum gegenwärtigen Engagement einiger Kölner Bürger den alljährlichen Tag der Hinrichtung nicht zu vergessen. Die abschließende Zusammenfassung führt die subjektiven Erinnerungen ehemaliger Edelweißpiraten mit der historischen Widerstandsforschung zusammen. In Kapitel 8 soll der Beweis erbracht werden, dass überlebende wie auch hingerichtete Edelweißpiraten zu Recht vom Makel der Kriminalität befreit und als NS-Widerstandskämpfer anerkannt wurden.

8 Lutz Niethammer (Hg.): Lebenserfahrung und kollektives Gedächtnis. Die Praxis der »Oral History«. Frankfurt am Main 1980, S. 7.

2 Die „Edelweißpiraten“

Begriffsdefinition

Die Herkunft des Begriffs „Edelweißpiraten“ ist umstritten. Die Forschungsliteratur bezeichnet ihn durchgängig als eine Wortschöpfung der für die Verfolgung der Jugendlichen zuständigen NS-Behörden. Der Lagebericht „Kriminalität und Gefährdung der Jugend“ vom 1. Januar 1941, herausgegeben vom Jugendführer des Deutschen Reichs, erläutert unter Punkt VI Cliquen- und Bandenbildung: „Am 1. Oktober 1939 wurden in Hattingen a. d. Ruhr 20 Jugendliche beiderlei Geschlechts festgenommen. [...] Obwohl eine Verbindung zu anderen Trupps oder ein organisatorischer Zusammenhang nicht nachgewiesen werden konnte, war der Verdacht der illegalen bündischen Betätigung dringend begründet. Da einige Jungen Edelweißabzeichen tragen, wurde diesen der Name „Edelweißpiraten“ bzw. „Edelweißklub“ und „Essener Stenze“ gegeben.“[9] Aus diesem Grund lehnen einige ehemalige Edelweißpiraten, wie beispielsweise Gertrud Koch, diesen von der Gestapo geprägten Begriff als diffamierend ab und ziehen es vor sich als Edelweiß-Gruppen zu kennzeichnen. Andere Edelweißpiraten wiederum, wie Jean Jülich und Fritz Theilen, verwenden die Bezeichnung vollkommen unvoreingenommen.

Gertrud Koch berichtet in ihrer Biographie von der gemeinsamen Suche der Jugendgruppen aus Köln und Düsseldorf nach einem geeigneten Namen: „Edelweiß ist eine Blume, die auf den höchsten Bergen wächst, sogar bei Schnee und Eis. Keiner kommt an sie heran und kann sie einfach abpflücken, außerdem steht sie unter Naturschutz. Ein Edelweiß ist frei, wunderbar frei, keine andere Blume ist so frei wie ein Edelweiß. Wo die blüht, da wird uns nichts passieren.“[10] Ob die Bezeichnung „Edelweiß“ tatsächlich auf die Jugendlichen um Gertrud Koch zurückgeht, muss dahingestellt bleiben. Fakt ist, dass viele Jugendliche, die in ihrer Freizeit an so genannten Fahrten und Wanderungen in das Umland der Großstädte teilnahmen von ihren Ausflugszielen ein Edelweißabzeichen als Andenken mitbrachten und es sich am Jackenaufschlag oder, später auch unter dem Revers verborgen, ansteckten. Ein solches Edelweiß war in Souvenirläden leicht zu bekommen und galt als unverfänglich. Zum einen wurde es in den dreißiger Jahren bei Straßensammlungen zugunsten wohltätiger Zwecke als „Lieblingsblume des Führers“ verkauft und noch 1939 in einem Zug des Jungvolkes der

---

9 Arno Klönne (Hg.): Jugendkriminalität und Jugendopposition im NS-Staat. Ein sozialgeschichtliches Dokument. Münster 1981, S. 128.

10 Gertrud Koch: Edelweiß. Meine Jugend als Widerstandskämpferin. Reinbek bei Hamburg 2006, S. 89.

HJ für besondere Leistungen vergeben. Zum anderen trugen die Gebirgsdivisionen der Wehrmacht ein solches Edelweiß als Abzeichen an ihren Uniformen.[11] Jean Jülich erläutert in einem Interview: „Aber man konnte ein Edelweiß am Revers tragen, das war eine Leuchtplakette. In der Verdunkelung konnte man sich damit zeigen, das heißt wenn man im Düsteren herumlief, dann war das so ein Hinweis hier kommt einer. Und man konnte ein Edelweiß von der Gebirgstruppe haben. Also man konnte das Edelweiß offen tragen und brauchte sich nicht dafür zu rechtfertigen."[12] Bei den Leuchtplaketten handelte es sich um Phosphoranstecknadeln aus Plastik. Käuflich erwerbbar waren verschiedene Blumen aus Plastik, darunter auch ein Edelweiß.[13]

Nicht nur das Edelweiß als Emblem, sondern auch die Kleidung bzw. Kluft der Jugendlichen, symbolisierte Zusammengehörigkeit und galt als Erkennungszeichen untereinander. Der folgende Auszug aus den Richtlinien für den HJ-Streifendienst vom 1. Juni 1938 fasst die verschiedenen charakteristischen Merkmale zusammen: „Voraussetzung für die Bekämpfung der bündischen Jugend ist, daß man sie erkennt. [...]:

a) die Haltung ist lässig, unordentlich, unsauber;

b) Haare und Kleidung sind ungepflegt;

c) die Kopfbedeckung besteht häufig aus zerschnittenen Hüten und merkwürdigen Käppchen aller Art, geschmückt mit einer Unzahl von Abzeichen, Plaketten, Federn usw.;

d) als Schuhe tragen sie Bundschuhe oder Schaftstiefel mit sehr kurzer Hose, die oft mit Troddeln versehen ist;

e) an sonstiger Bekleidung sind karierte Hemden und bunte Halstücher hervorzuheben.

Der Gesamteindruck von bündischen Gruppen ist stets uneinheitlich. Fahrtenmesser aller Art werden getragen. Pfeifen und Kämme stecken in den Stiefelschäften, Reißverschlüsse befinden sich an allen möglichen und unmöglichen Stellen."[14]

11 Vgl. Rusinek, Gesellschaft in der Katastrophe, S. 80.

12 Interview mit Jean Jülich. Umfangreiches Bonusmaterial der DVD „Edelweisspiraten". Ein Film von Niko und Kiki von Glasow (2005).

13 Interview mit Jean Jülich vom 29.01.2010.

14 Matthias von Hellfeld/Arno Klönne: Die betrogene Generation. Jugend in Deutschland unter dem Faschismus. Quellen und Dokumente. Köln 1987, S. 303.

Auf dem folgenden Foto (Abb. 1) sind einige Edelweißpiraten aus Köln-Sülz zuerkennen, unter ihnen auch Jean Jülich (rechts außen). Die Jungen tragen, im Gegensatz zu den „streichholzkurzen Nazistoppeln“ der Hitlerjungen, verhältnismäßig lange Haare und sind mit den charakteristischen Musikinstrumenten, Koppelschlössern und Kraftriemchen am Handgelenk ausgestattet.[15]

Abb. 1: Die Edelweißpiraten mit Jean Jülich (rechts)
(Jean Jülich: Kohldampf, Knast un Kamelle. Ein Edelweißpirat erzählt sein Leben.)

Neben Abzeichen und Kluft gab es auch bestimmte Signale, wie beispielsweise die unter Punkt c) angesprochenen Kopfbedeckungen. Das Tragen einer Kappe, so Gertrud Koch, symbolisierte anderen unangepassten Jugendlichen ihre politische Zuverlässigkeit (siehe Abb. 2).[16] Außerdem benutzte die Gruppe Edelweiß ausschließlich Decknamen, die richtigen Vor- und Nachnamen waren meistens unbekannt. Sollte ein Mitglied von der Gestapo aufgegriffen und verhört werden, so der Plan, konnten die anderen nicht verraten werden.[17] Hieran wird deutlich, dass Gertrud Koch, geprägt durch ihr kommunistisches Umfeld, schon früh die Gefahren von Denunziation und deren gravierende Folgen erkennen musste. Auch Fritz Theilen erinnert sich: „[...] bei so manchem Gestapoverhör war es von großem Vorteil, wenn wir unsere Freunde nur mir Spitznamen kannten. So konnten wir sie, auch wenn wir verprügelt wurden, nicht verraten.“[18] Vielfach waren sich die Jugendlichen jedoch schon seit ihrer Kindheit bekannt, da sie im gleichen Stadtviertel aufwuchsen.

15 Vgl. Jean Jülich: Kohldampf, Knast un Kamelle. Ein Edelweißpirat erzählt sein Leben. Köln 2004, S. 44.
16 Vgl. Koch, Edelweiß, Kommentar zu einem Foto.
17 Vgl. Koch, Edelweiß, S. 17.
18 Theilen, Edelweißpiraten, S. 38.

Im Fall der Köln-Ehrenfelder Edelweißpiraten, am Beispiel von Bartholomäus Schink, hatte die Bekanntgabe von Namen - erzwungen durch Folter und Misshandlung - zur Folge, dass Jean Jülich und andere Jungen verhaftet und in das Gestapogefängnis Brauweiler bei Köln verschleppt wurden.

Abb. 2: Gertrud Koch geb. Kühlem (1942)
(Gertrud Koch: Edelweiß. Meine Jugend als Widerstandskämpferin.)

Der Begriff „Piraten“ geht auf den 1925 in Düsseldorf gegründeten „Wanderbund der Kittelbachpiraten“ zurück, eine Gruppierung der bündischen Jugend. Namensgeber war der Kittelbach, ein kleiner Fluss in der Gegend, der den Mitgliedern wahrscheinlich als Treffpunkt diente. Zur einheitlichen Kluft gehörten Nagelschuhe, schwarzes Hemd, Hose und Barett, eine Koppel mit dem Totenkopf und ein Zimmermannshalstuch. Vor 1933 kämpften die militant rechtsgerichteten „Kittelbachpiraten“ in Straßenkämpfen an der Seite der Sturmabteilung der NSDAP (SA) gegen die Kommunisten, den gemeinsamen Feind. Im Frühsommer 1933, nach der Machtübernahme der Nationalsozialisten, löste sich der „Wanderbund der Kittelbachpiraten“ auf. Einige traten NS-Organisationen, wie der Hitlerjugend und der SA bei, andere wiederum erhielten die Strukturen des inzwischen vom Regierungsbezirk Düsseldorf verbotenen Wanderbundes aufrecht.[19] Diese Jugendliche wurden von den Nationalsozialisten hartnäckig und mit großem propagandistischen Aufwand verfolgt, was den Begriff „Piraten“ für unangepasste Jugendgruppen außerhalb der Hitlerjugend populär machte.[20]

19 Siehe http://www.museenkoeln.de/ausstellungen/nsd_0404_edelweiss/db_index.html.
20 Vgl. Rusinek, Gesellschaft in der Katastrophe, S. 76.

An dieser Stelle muss erwähnt werden, dass die Bezeichnung „bündisch“ von den Nationalsozialisten als Sammelbegriff für Jugendliche außerhalb der Hitlerjugend gebraucht wurde, die bündische Formen, wie Kleidung, Liedgut und das Wandern in freier Natur übernommen hatten. Noch in der Weimarer Republik sah sich die Bündische Jugend in der Tradition der Jugendbewegung, die mit der Gründung des Wandervogels in Steglitz bei Berlin 1890 ihren Anfang genommen hatte. Etwa 50.000 Jugendliche aus den gesellschaftlichen Mittel- und Oberschichten, meist Gymnasiasten, waren in zwanzig Verbänden organisiert.[21] Die neuen Gruppen der Bündischen Jugend im Dritten Reich, wie Edelweißpiraten und Navajos, setzten sich aus Arbeiterjugendlichen zusammen und standen in keiner unmittelbaren Tradition zu den Jugendbünden der Weimarer Republik.[22] Michael Jovy, der selbst innerhalb der Bündischen Jugend aktiv und mit Jean Jülich eng befreundet war, schreibt in seiner Dissertation von 1952 über das Verhältnis von Bündischer Jugend und Edelweißpiraten: „Im äußeren Auftreten glichen die auf Fahrt gehenden Edelweißmitglieder weitgehend den bündischen Gruppen der illegalen Zeit. Jedoch hat eine unmittelbare Beziehung zur bündischen Jugend wohl nirgends bestanden. Zwar erhielten sich einige Lieder der Bündischen in diesen Kreisen, man sang sogar: "Wir wollen bündisch sein", aber es verband sich hiermit keinerlei klare Vorstellung, was die bündische Jugend eigentlich gewesen war. [...] Im allgemeinen aber lag die Zeit der Jugendbewegung dem Bewußtsein dieser Jugendlichen schon so fern, daß eigentlich nur noch die Erinnerung lebendig war, daß irgendwann die Jugend frei gewesen sei und nicht dem Zwang der Hitlerjugend unterworfen war.“[23]

---

21 Vgl. Alfons Kenkmann: Im Visier von HJ, Partei und Gestapo - die »bündische« Jugend. In: Verfolgung und Widerstand im Rheinland und in Westfalen 1933-1945, hg. von Anselm Faust. Köln 1992, S. 175.

22 Ebd., S. 176.

23 Michael Jovy: Jugendbewegung und Nationalsozialismus. Zusammenhänge und Gegensätze. Versuch einer Klärung. Münster 1984, S. 178.

3 Herkunft

„Aus grauer Städte Mauern ziehn wir durch Wald und Feld“

3.1 Wilde Cliquen, Navajos und Edelweißpiraten

Jugendliche, die sich bewusst dem Totalitätsanspruch der Nationalsozialisten entzogen, können nicht nur in Köln und Umgebung, sondern mit unterschiedlichen regionalen Ausprägungen, im ganzen Deutschen Reich nachgewiesen werden. In anderen Städten bezeichneten sich diese Jugendgruppen beispielsweise als „Harlem-Klub“ bzw. „O.K.-Gang“ in Frankfurt am Main, als „Mob“ in Dresden und Leipzig oder als „Blasen“ in München.[24] Diese Zusammenschlüsse von Jugendlichen außerhalb der Hitlerjugend erfuhren jedoch eine besondere Ausprägung im Rhein-Ruhr-Gebiet mit den Hochburgen Köln und Düsseldorf. 1942, so geht es aus einer Gestapo-Kartei hervor, gab es allein in Köln etwa 3.000 Mitglieder.[25] Eine größere Gegenbewegung zum Nationalsozialismus findet sich in der Rheinmetropole nicht. Ihre Aktivitäten reichten vom bloßen Fernbleiben von HJ und Bund Deutscher Mädel (BDM) über unerlaubte Treffen mit anderen Jugendlichen hin zur dezidierten Ablehnung des NS-Systems, die sich in oppositionellen Liedern und politischen Aktionen manifestierte.[26]

Die Edelweißpiraten waren ausschließlich ein Kriegsphänomen. Seit 1942 lassen sich schriftliche Informationen über die Kölner Edelweißpiraten nachweisen. Von diesem Zeitpunkt an kategorisierten die Verfolgungsbehörden alle unangepassten Jugendlichen in Köln als Edelweißpiraten; zum Großteil nannten sich die Jugendlichen aber auch selbst so.[27] Jugendliche, meist zwischen 14 und 20 Jahren, die sich den Edelweißpiraten zuordnen lassen, kamen ausschließlich aus der Arbeiterschaft und dem unteren Angestelltenmilieu. Sie kannten sich von Kindheit an, wuchsen in demselben Stadtviertel auf, oftmals in der gleichen Straße oder in benachbarten Straßenzügen. Man hatte gemeinsam die Volksschule besucht, arbeitete, das betraf vor allem Jugendliche aus dem Bergarbeitermilieu, in einem Betrieb und ging gemeinschaftlichen Freizeitaktivitäten nach. Im Mittelpunkt des Freizeitlebens standen die abendlichen Zusammen-

---

24 Vgl. Kurt Schilde: Jugendopposition 1933-1945, S. 148.

25 Vgl. Rusinek, Gesellschaft in der Katastrophe, S. 75.

26 Barbara Manthe: Navajos und Edelweißpiraten in Köln. Zur Politisierung unangepassten Jugendverhaltens im »Dritten Reich«. In: Geschichte in Köln 54 (2007), S. 197-198.

27 Barbara Manthe: Zwischen jugendlichem Freizeitverhalten, Subkultur und Opposition. Unangepasste Jugendliche im nationalsozialistischen Köln. In: GIW 22 (2007), S. 94-95.

künfte an bestimmten Plätzen des Viertels, wie Eisdielen und Parkanlagen im Sommer und Gaststätten im Winter.[28] Die Wahl von Gaststätten war insbesondere auf die kriegsbedingte Jugendschutzverordnung zurückzuführen, die den Aufenthalt auf Straßen und Plätzen bei Einsetzen der Dunkelheit verbot.[29]

Höhepunkte bildeten die gemeinsamen Fahrten der Cliquenangehörigen an den Wochenenden. Beliebte Fahrtenziele von Kölner Jugendlichen waren das Ammerländchen, ein Schwimmbad im Flusstal der Sülz zwischen Rösrath und Hoffnungsthal, oder das Gasthaus „Margarethenhöhe“ ebenfalls in Rösrath. Dieses Ausflugslokal mit großem Außengelände war bereits in den dreißiger Jahren ein bevorzugtes Ziel Kölner Navajos. Die Gestapo, die dort am 12. Dezember 1937 eine Razzia durchführte, berichtete, die Jugendlichen würden sich in einem „kleineren Nebenbau“ treffen, „Lieder singen und ihre Fahrtenerlebnisse austauschen.“ Großen Umsatz bescherten sie dem Wirt allerdings nicht: Nach Aussage von Rösrather Zeitzeugen bestand der Tageskonsum oft aus einem einzigen Glas Milch.[30] Weitere bevorzugte Ziele waren der Königsforst, das Bergische Land, aber auch die Eifel und später das Siebengebirge. Dort konnte man fernab von Hitlerjugend und Gestapo, Gleichgesinnte aus anderen Städten treffen und Kontakte knüpfen.

Die verschiedenen Gruppen jugendlicher Edelweißpiraten, die sich innerhalb Kölns herausbildeten, benannten sich nach ihren unterschiedlichen Treffpunkten, die sie sowohl gegenüber dem Streifendienst der Hitlerjugend als auch gegenüber Edelweißgruppen benachbarter Stadtviertel verteidigten.[31] Als Versammlungsorte galten beispielsweise das Ehrenfelder Loch, der Manderscheider Platz in Sülz und der Volksgarten in der südlichen Neustadt. Der Volksgarten mit seinen versteckten Winkeln war vermutlich der beliebteste aller Treffpunkte. Hier trafen sich die Navajos der Vorkriegszeit ebenso wie später die verschiedenen Gruppen von Edelweißpiraten. Hieran konnten auch HJ-Streifen, Denunziationen und Razzien nichts ändern. Nachdem eine gewisse Frist verstrichen war, kehrten die Jugendlichen in „ihren“ Park zurück. Dieser bot nach Auskunft von Zeitzeugen offenbar mehreren, voneinander unabhängigen Gruppen gleichzeitig Platz.[32] Im Gegensatz zu den Navajos fanden sich bei Treffen der Edelweißpira-

---

28 Alfons Kenkmann: Navajos, Kittelbach- und Edelweißpiraten. Jugendliche Dissidenten im ‚Dritten Reich‘. In: Piraten, Swings und Junge Garde. Jugendwiderstand im Nationalsozialismus, hg. von Wilfried Breyvogel. Bonn 1991, S. 143.

29 Siehe http://www.museenkoeln.de/ausstellungen/nsd_0404_edelweiss/db_index.html.

30 Ebd.

31 Vgl. Kenkmann, Navajos, Kittelbach- und Edelweißpiraten, S. 144.

32 Siehe http://www.museenkoeln.de/ausstellungen/nsd_0404_edelweiss/db_index.html.

ten wesentlich mehr Jungen und Mädchen zusammen. 1942 etwa versammelten sich bis zu 200 Jugendliche aus ganz Köln im Volksgarten.[33]

Seit das Rhein-Ruhr-Gebiet zum schwerindustriellen Ballungszentrum geworden war, gehörten Kinder- und Jugendcliquen zur proletarischen Alltagskultur.[34] Als Vorläufer der Edelweißpiraten gelten die Navajos der dreißiger Jahre (1934-1938) und die Wilden Cliquen der Weimarer Republik. Bei den Mitgliedern der Wilden Cliquen handelte es sich um Unterschichtjugendliche, die in erster Linie als Gelegenheitsarbeiter und Hilfsarbeiter tätig waren. Vor dem Hintergrund der Weltwirtschaftskrise und zunehmender Massenarbeitslosigkeit schlossen sich diese Jugendliche zusammen, um an Wanderungen durch die Natur und längeren Fahrten mit Übernachtungen im Freien teilzunehmen. Hierbei spielten bedrückende soziale Erfahrungen, wie die Flucht vor beengten Wohnverhältnissen der Arbeiterfamilien und perspektivlose berufliche Situationen eine entscheidende Rolle.[35] Durch das Tragen der Kluft war man gegenüber Gesinnungsgenossen erkennbar und grenzte sich gleichzeitig von den Gegnern bewusst ab. Erkennungszeichen waren „Lederhose, auffallende, oft mit Nieten beschlagene Gürtel und Hosenträger, auffallende Wadenstrümpfe, meistens eine eher ins Phantastische gehende Kopfbedeckung: der Hut mit Schal, mit Feder oder Plaketten geschmückt, keß ins Gesicht gezogen. Überall am Körper, wo gerade noch Platz war, waren bunte Bänder angebracht. Ohrringe und Tätowierungen [...].“[36] Ein weiteres Charakteristikum war das Liedgut. Oft wurden bereits bestehende Melodien aufgegriffen und deren Texte umformuliert. Sie setzten sich meist mit der sozialen Situation der jungen Arbeiter auseinander, wie beispielsweise:

„Penner nennen uns die Leute,
Penner sind wir lange nicht,
denn wir haben noch ne Bleibe,
Mutter Grün verläßt uns nicht.“[37]

---

33 Manthe, Zwischen jugendlichem Freizeitverhalten, Subkultur und Opposition, S. 97.

34 Kenkmann, Navajos, Kittelbach- und Edelweißpiraten, S. 139.

35 Vgl. Detlev Peukert: Jugend zwischen Krieg und Krise. Lebenswelten von Arbeiterjungen in der Weimarer Republik. Köln 1987, S. 255.

36 Ebd., S. 252.

37 Detlev Peukert: Die "Wilden Cliquen" der Zwanziger Jahre. In: Autonomie und Widerstand. Zur Theorie und Geschichte des Jugendprotestes, hg. von Wilfried Breyvogel. Essen 1983, S. 68.

Außerdem nahmen Sportarten, insbesondere solche die körperliche Kraft verlangen, wie das Boxen, einen großen Stellenwert ein. Solche Körperlichkeit verknüpfte sich mit dem in der Unterschicht ungebrochenen Männlichkeitskult.[38] Verschiedene Formen von Gelegenheitskriminalität, wie Diebstahl von Lebensmitteln, waren nicht unüblich. Eine organisierte Kriminalität hingegen kann den Wilden Cliquen nicht nachgewiesen werden.[39] Körperliche Auseinandersetzungen, insbesondere die Schlägereien mit der Hitlerjugend, entbehrten jeglicher politischer Dimension. Die Jugendlichen waren innerhalb der Arbeiterjugendbewegung nicht parteipolitisch organisiert, vielmehr artikulierten sie eine soziale Stimmung: Man gehörte zum Proletariat, und die Nazis, das waren die Kinder der Beamten, der Mittelständler. Die Cliquen dachten also in der Dichotomie: Mittelschicht contra Proletariat.[40]

Bei den Navajos handelte es sich ebenfalls um eine arbeiterspezifische, jugendliche Subkultur. Kölner Navajos-Gruppen waren über das gesamte Stadtgebiet verteilt. Es konnten über dreißig Treffpunkte rekonstruiert werden, wie beispielsweise Köln-Ehrenfeld und wiederum der Volksgarten, aber auch mit zeitlicher Verzögerung, das rechtsrheinische Köln-Kalk und Köln-Mülheim.[41] Die genaue Herkunft des Begriffs ist ungeklärt. In einem Gestapo-Verhör erklärte ein Jugendlicher: „Wir nannten uns so, weil wir Krach schlugen wie die Indianer. Wer den Namen aufbrachte, weiss ich nicht. Die Kölner Gruppen nannten sich zunächst nicht Navajos, nahmen diese Bezeichnung aber später ebenfalls an."[42] Demnach fungierten die Navajos, ein amerikanischer Indianerstamm, als Namensgeber. Im Refrain des Lieds „Die Sonne von Mexiko", das von den Jugendlichen gesungen wurde, wird ein solcher „Navajo" erwähnt:

„Ja, die Sonne von Mexiko,
war dieser Wild-West rothautger Navajo.
Heut noch brennt mein Herz lichterloh,
denk ich an Navajo."[43]

38 Peukert, Jugend zwischen Krieg und Krise, S. 254-255.
39 Ebd., S. 257.
40 Ebd., S. 260.
41 Siehe http://www.museenkoeln.de/ausstellungen/nsd_0404_edelweiss/db_index.html.
42 Manthe, Zwischen jugendlichem Freizeitverhalten, Subkultur und Opposition, S. 94.
43 Siehe http://www.museenkoeln.de/ausstellungen/nsd_0404_edelweiss/db_index.html.

Bei den Kölner Navajos handelt es sich um ein Vorkriegsphänomen der Jahre 1934 bis 1938. Mit dem Verbot der bündischen Jugend und dem Gesetz über die Hitler-Jugend, rückten die Jugendlichen in den Fokus von HJ-Streifendienst und Gestapo, die eine eigene Dienststelle zur Bekämpfung der „bündischen Umtriebe“ eingerichtet hatten. Durch zahlreiche Razzien, Festnahmen und Verurteilungen - im Dezember 1937 kam es vor dem Kölner Sondergericht zu zwei parallelen Prozessen gegen Navajos - brach schließlich 1938 die Berichterstattung ab. Der Begriff Navajos wurde von den Justizbehörden in den folgenden Jahren jedoch weiterhin als Synonym für die Edelweißpiraten gebraucht.[44]

Die Anhänger der Navajos waren deutlich älter als die der Edelweißpiraten, meist zwischen 17 und 20 Jahren und hatten die Machtübernahme der Nationalsozialisten bewusst miterlebt. Einige waren zunächst Mitglied in der Hitlerjugend und bereits vor 1933 eingetreten. Sie distanzierten sich jedoch zunehmend vom militärischen Drill der NS-Jugendorganisation und scheuten keine tätlichen Auseinandersetzungen mit dem HJ-Streifendienst. Viele dieser Übergriffe wurden in den Akten der Gestapo dokumentiert. Die einzelnen Navajos-Gruppen, meist zwischen zehn und zwanzig Jugendliche, fanden aus ähnlichen Motiven zusammen, wie die Wilden Cliquen der Weimarer Republik. Sie kamen aus der Arbeiterschaft bzw. der unteren Mittelschicht und waren, nach dem Besuch der Volksschule, mit sechzehn Jahren bereits voll im Arbeitsleben integriert. Der Verdienst war jedoch gering und musste in den meisten Fällen mit der Familie geteilt werden. Auch sie grenzten sich, durch das Tragen einer Kluft, von den einheitlichen Uniformen der Hitlerjugend ab.[45] Aus einem Protokoll des HJ-Streifendienstes vom Juli 1936 geht hervor: „Erkenntlich sind sie an ihrer überaus bunten, aber doch in ihrer Grundform einheitlichen Kleidung, bei den männlichen Personen bestehend aus: Halbschuhen mit weißen Strümpfen (mit Troddeln) oder auch Schaftstiefeln, überaus *kurzen*, mit Reißverschluss versehenen schwarzen Hosen, grellfarbig karierten Hemden mit silbernen Knöpfen und evtl. blauen Schimützen. Die weiblichen Personen, die mit den Navajos zusammen sind, treten in folgender Kostümierung auf: langer samtartiger Rock mit Reißverschluss, weiße Bluse mit bunten Tüchern, Seidenstrümpfe und Schaftstiefel.“[46] Weiter heißt es über die Ereignisse in Köln im Sommer 1936: „Am 20.07. ds. Js. wurden gegen 22 Uhr sechs Angehörige des HJ-Streifendienstes, die auf dem Rummelplatz Perlengraben die durch ihre Kleidung als HJ-Mitglieder erkenntlichen Jugendlichen kontrollieren wollten, von einer 120-150 Mann star-

44 Siehe http://www.museenkoeln.de/ausstellungen/nsd_0404_edelweiss/db_index.html.

45 Vgl. Manthe, Zwischen jugendlichem Freizeitverhalten, Subkultur und Opposition, S. 98-99.

46 Von Hellfeld/Klönne, Die betrogene Generation, S. 79.

ken Navajos-Bande umringt und angerämpelt. Nachdem einige Schimpfworte gegen die Hitlerjungen ausgestoßen wurden, kam es zu Tätlichkeiten. Es gelang den Streifendienstangehörigen, sich unter Anwendung von Gewalt zurückzuziehen. Immer wieder tauchten diese Banden auf, einmal stärker, einmal schwächer, um auf die HJ Jagd zu machen. Besonders muß hervorgehoben werden, daß die Navajos ein normales Koppel mit Koppelschlössern trugen, die einen Überzug aus den metallenen Zigarettenschachteln der Fa. Haus-Neuerburg hatten."[47]

Ein Spezifikum jener Gruppierungen von Arbeiterjugendlichen war, dass sie sich, im Gegensatz zur gegnerischen Hitlerjugend, aus Jungen und Mädchen zusammensetzten und vollkommen antiautoritär ausgerichtet waren. Weiterhin verfügten sie weder über eine einheitliche politische Ideologie, noch über eine feste Organisation oder formale Hierarchien. Diejenigen Jungen, die Musikinstrumente besaßen, hatten jedoch meistens das Sagen innerhalb der Gruppe.[48] Der schonungslose Umgang gegenüber Mädchen in späteren Verhören zeigt, welche Bedeutung die Gestapo ihnen beimaß: Zum einen lehnten sie die Vorbereitung im BDM auf ihre zukünftige Rolle als Hausfrau und Mutter kategorisch ab und widersprachen damit dem Mädchen- und Frauenbild des Nationalsozialismus, zum anderen übten die Mädchen eine große Anziehungskraft auf viele männliche Jugendliche aus, an den Treffen jener gemischtgeschlechtlichen Gruppen teilzunehmen.[49]

---

47 Von Hellfeld/Klönne, Die betrogene Generation, S. 80.

48 Vgl. Manthe, Zwischen jugendlichem Freizeitverhalten, Subkultur und Opposition, S. 106.

49 Siehe http://www.museenkoeln.de/ausstellungen/nsd_0404_edelweiss/db_index.html.

3.2 Elternhaus und familiäres Umfeld

Sozialisation innerhalb der politisch aktiven Arbeiterschaft

3.2.1 Gertrud Koch geb. Kühlem

Gertrud Koch, Jean Jülich und Fritz Theilen kamen aus dezidiert politischen, sowie antifaschistisch geprägten Elternhäusern. Gertrud Koch, genannt Mucki, geb. Kühlem, wurde am 1. Juni 1924 geboren und wuchs zunächst in der Görresstraße in Köln-Mitte auf.[50] Die Görresstraße lag in einem so genannten Judenviertel. Im jüdischen Krämerladen Silberstein kaufte die Familie regelmäßig Lebensmittel ein. Ein paar Straßen weiter, in der Roonstraße, befand sich zudem eine Synagoge.[51] Beide Eltern waren berufstätig, verfügten über ein verhältnismäßig gutes Einkommen und konnten sich demzufolge eine schöne Wohnung leisten. Der Vater Peter Kühlem war Kesselschmied bei den Klöckner-Humboldt-Deutz-Werken (KHD) und häufig auf Montage unterwegs. Er war Mitglied der KPD und des Roten Frontkämpferbundes (RFB). Gertruds Mutter war Apothekerin.[52] Als die Auseinandersetzungen in Form von Straßenkämpfen zwischen Kommunisten und Nationalsozialisten eskalierten, trat auch die Mutter der KPD bei.[53] Die Eltern waren aktive Naturfreunde. Über gemeinsame Fahrten mit Genossen und Wandergruppen der Roten Jungpioniere, deren Mitglied Gertrud Koch war, kam das Mädchen schon früh mit den Traditionen der Bündischen Jugend in Berührung.[54]

Im Zuge der „Reichstagsbrandverordnung" vom 28. Februar 1933 und die dadurch erteilte Legitimation zur ersten großen Verhaftungswelle gegen Anhänger der KPD, wurde auch Gertruds Vater festgenommen und in die Gauzentrale, das so genannte Braune Haus, in der Mozartstraße verschleppt.[55] Erst ab Dezember 1935 wurden politisch Verfolgte im Keller des EL-DE-Hauses am Appellhofplatz, dem Sitz der Kölner Gestapo, festgehalten.[56] Nach einer erneuten Verhaftung wird Peter Kühlem in das Konzentrationslager Börgermoor gebracht.[57] Erst im April 1934, wenige Wochen vor der Auflösung des Lagers, kann er nach Köln zurückkehren.[58] Kurz nach dem Ausbruch des Zweiten Weltkrieges, im September 1939, wird Gertruds Vater jedoch vor Gericht gestellt, in einem Ver-

---

50 Vgl. Koch, Edelweiß, S. 27.
51 Ebd., S. 46-47.
52 Ebd., S. 26.
53 Ebd., S. 30.
54 Ebd., S. 70.
55 Ebd., S. 41.
56 Ebd., S. 53.
57 Ebd., S. 56.
58 Ebd., S. 65.

fahren wegen Landes- und Hochverrat verurteilt und erneut in ein Emsland-Konzentrationslager nach Esterwege deportiert. Die Arbeit als „Moorsoldat" - mit einfachsten Werkzeugen musste das Moor erschlossen und der Boden urbar gemacht werden - war körperlich höchst anstrengend.[59] Aus diesem Lager kam der Vater nicht zurück. Irgendwann im Mai oder sogar schon Ende April 1942 muss er dort, im Alter von 67 Jahren, umgekommen sein.[60]

3.2.2 Jean Jülich

Jean Jülich, Spitzname Schang, wird am 18. April 1929 in der Barbarastraße in Köln-Riehl geboren. Gemeinsam mit den Eltern und dem älteren Bruder Franz, den die Mutter mit in die Ehe gebracht hatte, lebte er in beengten Wohnverhältnissen in einer ehemaligen Kaserne.[61] Der Vater Jean Jülich war Funktionär der KPD, im Literaturvertrieb der IFA (Interessengemeinschaft für Arbeiterkultur) aktiv und agierte seit 1933 aktiv im Untergrund. Die Ehe der Eltern ging auseinander. Während der Bruder zunächst bei der Mutter blieb und später im Waisenhaus „Knabenhort Klapperhof" aufwuchs, zog der kleine Jean Jülich im Alter von vier Jahren zu den Eltern seines Vaters in die Sülzburgstraße in Köln-Sülz.[62] Die nun dreiköpfige Familie lebte in zwei Zimmern im Hinterhaus. Das dritte Zimmer war, wie in vielen Arbeiterfamilien üblich, an eine junge Frau untervermietet worden, um das karge monatliche Einkommen aufzubessern.[63] Die Mutter wohnte mittlerweile in einer kleinen Dachkammer in der Friesenstraße, arbeitete in einer Schirmfabrik und konnte daher nur selten ihren Sohn besuchen.[64]

Die übermächtige Angst Gertrud Kochs „durch die Inhaftierung meines Vaters waren meine Mutter und ich auf uns selbst angewiesen. Ständig hatte ich Angst, dass die SA auch sie holen könnte. Ich wollte auf keinen Fall in ein Waisenhaus,"[65] wird bei Jean Jülich zur bitteren Realität: Im Mai 1936 wurde sein Vater erstmals verhaftet, wegen Vorbereitung zum Hochverrat verurteilt und in das Zuchthaus Siegburg überstellt. Wie schon bei Gertrud Koch erfolgte auch bei Jean Jülich das gewaltsame Eindringen in die Wohnung durch die SS-Leute, wie auch die brutale Festnahme des Vaters, vor seinen Augen. Gemeinsam mit dem Vater wurden auch Großmutter und Tante festgenommen und sechs Monate im

59 Vgl. Koch, Edelweiß, S. 80-81.
60 Ebd., S. 122; S. 125.
61 Vgl. Jülich, Kohldampf, Knast un Kamelle, S. 9.
62 Ebd., S. 10.
63 Ebd., S. 12.
64 Ebd., S. 17.
65 Koch, Edelweiß, S. 56.

Gefängnis „Klingelpütz" festgehalten.[66] Bis zu ihrer Entlassung lebte der mittlerweile siebenjährige Jean Jülich ebenfalls im Waisenhaus „Klapperhof."[67] Der Kontakt zum Vater wurde erst wieder möglich, als dieser 1941 dem Außenkommando des Zuchthauses in Siegburg-Kaldauen zugeteilt und in einem Steinbruch zur Zwangsarbeit verpflichtet wurde.[68] Er blieb bis Kriegsende inhaftiert und konnte, wenn auch durch die knapp zehnjährige Zuchthausstrafe physisch und psychisch sehr mitgenommen, die Verfolgung überleben.[69]

3.2.3 Fritz Theilen

Fritz Theilen, genannt Fritz de Plaat, wächst in einem klassischen Arbeiterviertel Kölns auf. Er wird am 27. September 1927 in der Landmannstraße in Köln-Ehrenfeld geboren. Dort lebte er gemeinsam mit den Eltern und dem jüngeren Bruder in einer Zweizimmerwohnung. Der Vater war Mitglied der SPD und bereits vor dem Ersten Weltkrieg im Wandervogel aktiv. Daher wird auch Fritz schon früh mit gemeinschaftlichen Wanderungen in der Natur und dem bündischen Liedgut konfrontiert.[70] Wie Gertrud Koch, berichtet auch Fritz Theilen von regelmäßigen Treffen und politischen Diskussionen mit Arbeitskollegen und Genossen in der elterlichen Küche.[71] In einem Dokumentarfilm über die Edelweißpiraten bezeichnet er den Kölner Stadtteil Ehrenfeld als ein „knallrotes Viertel" und weiß von einem Transparent zu berichten, das im Jahr 1933 quer über die Venloer Straße gespannt und auf dem zu lesen war: „Ehrenfeld bleibt rot."[72] Als 1931 die Ford-Werke in Köln eröffnen, erhielt der Vater, nach zweijähriger Arbeitslosigkeit, wieder eine Anstellung. Die Mutter hatte während des Ersten Weltkrieges in einer Kölner Munitionsfabrik gearbeitet und war seitdem gegen Krieg und Militarismus eingestellt, was sich in der Erziehung der Kinder deutlich bemerkbar machte.[73] Nachdem der Vater schon 1938 zur Wehrmacht einberufen worden war und erst im Mai 1948 aus der Kriegsgefangenschaft zurückkehren konnte, musste der Junge, als ältester Sohn, schon früh Verantwortung für die Familie übernehmen.[74]

---

66 Vgl. Jülich, Kohldampf, Knast un Kamelle, S. 20.
67 Ebd., S. 24.
68 Ebd., S. 56.
69 Ebd., S. 126.
70 Vgl. Theilen, Edelweißpiraten, S. 12.
71 Ebd., S. 14.
72 Siehe Nachforschungen über die Edelweißpiraten.
Ein Film von Dietrich Schubert (1980). Interview mit Fritz Theilen.
73 Vgl. Theilen, Edelweißpiraten, S. 12.
74 Ebd., S. 21; S. 147.

3.3 Schlüsselerlebnisse in der Kindheit

Ablehnung der nationalsozialistischen Doktrin

Gustl Butt, Tante von Günter Schwarz, einem der Jungen, der am 10. November 1944 hingerichtet wurde, war selbst Kommunistin und bereits Mitte der 1930er Jahre in Zuchthaus und Lager inhaftiert worden. Sie berichtet von einem Ereignis im Jahre 1943, das ihren Neffen nachhaltig prägte: Beide begaben sich zum Köln-Ehrenfelder Bahnhof in der Hüttenstraße, um eine jüdische Freundin der Tante zu suchen. Dort musste der Junge einen jener ersten großen Transporte jüdischer Menschen nach Litzmannstadt (das heutige Lodz in Polen) mit ansehen.[75] Ähnlich verhielt es sich bei Bartholomäus Schink, einem weiteren jugendlichen Opfer der Hinrichtung. Seine Schwester Karoline Banten, geb. Schink erinnert sich an den jüdischen Friseur Moritz Spiro, der sein Geschäft in der Nachbarschaft der elterlichen Wohnung hatte. Spiro starb an den Folgen seiner in der Reichspogromnacht erlittenen schweren Verletzungen. Erschüttert hatte Bartholomäus die Attacken der SA-Männer mit ansehen müssen und war von der Unfähigkeit des eilig herbei gerufenen Vaters, dem Freund der Familie nicht helfen zu können, tief betroffen.[76]

In den folgenden Unterkapiteln sind weitere Schlüsselerlebnisse aufgeführt, die auch bei Gertrud Koch, Jean Jülich und Fritz Theilen bereits in der Kindheit zwangsläufig zu einer Ablehnung des nationalsozialistischen Gedankenguts führten. Das brutale Gebaren gegenüber politisch Andersdenkenden blieb den Kindern nicht verborgen, da in den meisten Arbeiterfamilien bereits unmittelbar nach 1933 von SA und SS misshandelte oder ermordete Familienmitglieder zu beklagen waren. Später sollten die Nationalsozialisten auch maßgeblich den weiteren Lebensweg jener Jugendlichen beeinflussen. So durfte Gertrud Koch, als Tochter eines Kommunisten, weder eine Höhere Schule noch die Universität besuchen und auch Jean Jülich musste, aufgrund seiner als politisch unzuverlässig eingestuften Familie, die ihm zugewiesene Lehrstelle als Schlosser antreten.[77]

---

75 Siehe Nachforschungen über die Edelweißpiraten. Interview mit Gustl Butt.
76 Siehe Nachforschungen über die Edelweißpiraten. Interview mit Karoline Banten.
77 Jülich, Kohldampf, Knast un Kamelle, S. 42.

3.3.1 Verfolgung der KPD

Gertrud Koch, die Älteste der drei in dieser Arbeit hervorgehobenen Edelweißpiraten, erinnert sich an die ersten Verhaftungswellen, die sich nach der Machtübernahme Hitlers am 30. Januar 1933 gegen Kommunisten und Sozialdemokraten richteten: „Meine Mutter schickte mich nie weg, wenn die geschlagenen und geschundenen Genossen zu uns kamen. Sie bat mich, den Verband zu halten oder Wasser für die Wunden abzukochen. Einmal kam Karl in unsere Wohnung. Er war ein Kollege meines Vaters und von großer Statur. In seiner Freizeit boxte er gern. Sein Gesicht war ein einziger Brei. Am Nacken klebte verkrustetes Blut, Hemd und Jacke waren am Kragen rostrot eingefärbt. Je mehr dieser malträtierten Gesichter ich sah, umso stärker verabscheute ich die Nazis.“[78]

3.3.2 Verhaftung des Vaters

Jean Jülich berichtet von der brutalen Festnahme seines Vaters im Jahre 1936, einem KPD-Funktionär, der zu diesem Zeitpunkt bereits untergetaucht war: „Mein Vater aber blieb seiner Gesinnung treu, und so kam es, dass er von der Gestapo und der SS verfolgt und schließlich am 27. Mai 1936 morgens in der Wohnung meiner Großeltern aufgespürt wurde. Ich wollte gerade zur Schule aufbrechen, als ich laute Schritte und dann Stimmen hörte. Die Haustür wurde aufgebrochen. Ein paar SS-Leute riefen laut: »Wo ist der Jean? Wir wollen zu Jean Jülich!« Mein Vater hatte sich in der Toilette versteckt. Man zog ihn brutal heraus und schlug auf ihn ein. Er blutete am Mund und an der Nase. Meine Oma begann zu weinen. Sie musste tatenlos mit ansehen, wie ihr Sohn misshandelt wurde. Immer wieder bettelte sie die Männer von der Gestapo an aufzuhören. Doch die quittierten ihre Bitten nur mit hämischem Lachen und Drohgebärden. [...] Heute noch sehe ich den furchtsamen Ausdruck in den Augen meiner Oma, die wutverzerrten Gesichter der Schläger und die Hilflosigkeit meines Vaters, der ihnen ausgeliefert war, vor mir. Lange Zeit versuchte mein Vater, Haltung zu bewahren. Aber er wurde den Flur rauf und runter geprügelt, sodass er schließlich nicht mehr konnte und stark blutend zusammenbrach. Seine Peiniger schleppten ihn fort.“[79]

---

78 Koch, Edelweiß, S. 42-43.

79 Jülich, Kohldampf, Knast un Kamelle, S. 20.

3.3.3 Eintritt in die Hitlerjugend (HJ)

Nach anfänglicher Begeisterung für die HJ und aufkeimenden ersten Zweifeln war das folgende Ereignis für Fritz Theilen ausschlaggebend, sich endgültig von der NS-Staatsjugend abzuwenden: „Im Jahre 1937 musste ich, wie jeder Zehnjährige, ins Jungvolk der Hitlerjugend (HJ) eintreten. Zu Anfang war ich mit Begeisterung dabei, und die Fahrten und Geländespiele machten mir großen Spaß. Meine Eltern sahen das nicht gerne [...]. Doch mit der Zeit gingen mir der Zwang und die Erziehung zum absoluten Gehorsam gegen den Strich. [...] Immerhin hielt ich drei Jahre durch, bis es 1940 zum Bruch kam. Unser »Stamm« hatte einen neuen Führer bekommen, der als Erstes seine vier »Fähnlein« inspizierte. Aus irgendeinem nichtigen Grund, vielleicht auch, weil er sich besonders wichtig machen wollte, hatte er an unserem Fähnlein etwas auszusetzen, und wir sollten deshalb strafexerzieren. Bei mir war das Fass damit übergelaufen, und ich weigerte mich, daran teilzunehmen. Aber das war nun Befehlsverweigerung und musste disziplinarisch bestraft werden, deshalb sollte ich Fahrtenmesser und Schulterriemen dem Stammführer abliefern. Aber auch diesen Befehl konnte ich nicht einsehen, denn die beiden Sachen waren mein Eigentum. Der Stammführer gab daraufhin den Befehl, mir »Hordenkeile« zu geben, um mir die Uniformteile mit Gewalt abzunehmen. »Hordenkeile« war offiziell verboten, trotzdem wurde es als Disziplinierungsmittel immer wieder eingesetzt. [...] Der Stammführer gab den Befehl, und mein Zug fiel mit großem Geschrei über mich her und verprügelte mich nach Strich und Faden; das waren fünfundzwanzig gegen einen, und je heftiger sich der eine wehrte, desto länger dauerte diese Prozedur. Ich versuchte, mich, so gut es ging, gegen meine »Kameraden« zur Wehr zu setzen, und meine Wut steigerte sich immer mehr. Nachdem sie mir endlich Fahrtenmesser und Schulterriemen abgenommen hatten, stand ich allein und ziemlich ramponiert vor meinem inzwischen wieder angetretenen Zug. Mit barschen Worten verdonnerte mich der Stammführer und schickte mich wieder ins Glied zurück, damit das Strafexerzieren weitergehen konnte. Jetzt weigerte ich mich erst recht, drehte mich um und rief: »Ihr könnt mich alle am Arsch lecken!« und ging nach Hause. Daraufhin wurde ich »bis auf weiteres« vom Dienst im Deutschen Jungvolk ausgeschlossen.“[80]

3.3.4 Hausdurchsuchung

Das folgende Zitat zeigt das kindliche Unverständnis von Gertrud Koch darüber, dass ein SA-Mann in die elterliche Wohnung eindringt und völlig grundlos ihre Spielsachen zerstört: „In meinem Zimmer stand auf dem Boden ein Puppenhaus, das ich von einem Onkel meines Vaters geschenkt bekommen hatte. Er war

80 Theilen, Edelweißpiraten, S. 17-18.

Schreiner und hatte es wie die kleinen verzierten Möbel meiner Puppenfamilie selbst angefertigt. Dieses wunderschöne Haus war mein kostbarster Besitz, und noch vor kurzem hatte ich oft damit gespielt. Der eher schmächtige SA-Mann mit den dunklen Bartstoppeln ging schnurstracks auf das Puppenhaus zu und zertrat es mit seinen klobigen Stiefeln. Das splitternde Holz erzeugte ein entsetzliches Geräusch. Wieder und wieder trat er mit dem rechten Bein gegen Dach und Wände, bis er schließlich jedes einzelne Mitglied meiner sechsköpfigen Puppenfamilie unter seinen Absätzen zerquetscht hatte. [...] Ich wurde so wütend, dass ich mich nicht beherrschen konnte und den Uniformierten gegen das linke Bein trat, so heftig ich konnte. Dabei schrie ich: »Du kannst doch nicht meine Spielsachen kaputtmachen. Das gehört sich doch nicht.« Bevor er mich erwischen konnte, war ich aus dem Zimmer gerannt und hatte mich im Wohnzimmer hinter den Resten eines Sessels versteckt."[81]

3.3.5 Reichspogromnacht

Ähnlich wie im vorangegangenen Textauszug ergeht es hier Jean Jülich und seinen Freunden. Für die Kinder ist die mutwillige Zerstörung des jüdischen Spielwarengeschäftes Mangen und der so vielbewunderten Auslagen im Schaufenster nicht nachvollziehbar: „In Sülz, an der Berrenrather Straße, stand unweit der Nikolauskirche das größte Spielwarengeschäft der Umgebung. Es gehörte einem Juden namens Mangen. Wir Kinder gingen oft dorthin und drückten uns die Nasen an den großen Schaufenstern platt. Die Auslage war in unseren Augen das Paradies. Der größte Teil der Spielwaren war allerdings unerschwinglich. Aber wir kamen wenigstens in den Genuss des Betrachtens und konnten vom Besitz der ausgestellten Herrlichkeit träumen. Wie groß war unser Entsetzen, als es eines Morgens im November hieß, alle jüdischen Geschäfte seien zertrümmert worden, die Scheiben eingeschlagen, die Ware verwüstet. Unser erstes Ziel war das Spielwarengeschäft Mangen. Auch dort, in unserem Paradies, hatte man die Scheiben eingeschlagen, die Tür war eingetreten, und die Spielwaren lagen auf der Straße verstreut, teils noch heil, teils zerbrochen. [...] Ein paar Schritte weiter auf der Berrenrather Straße, etwas näher zur Kirche hin, war auch ein jüdisches Geschäft für Textilien, dem das gleiche Unheil widerfahren war. Aber das lag für uns Kinder außerhalb des Interesses. Unsere Betroffenheit galt dem Spielwarengeschäft, und noch heute kann ich mich des Gefühls der Bedrücktheit nicht erwehren, wenn ich an den Tag der »Reichskristallnacht« denke."[82]

---

81 Koch, Edelweiß, S. 50-51.
82 Jülich, Kohldampf, Knast un Kamelle, S. 32-33.

3.3.6 Unangepasste Jugendgruppen

Fritz Theilen erinnert sich an seinen ersten Kontakt mit Kölner Navajos. Ihn fasziniert, im Gegensatz zu dem einheitlichen und militärisch anmutenden Kleidungsstil der Hitlerjugend, die individuelle, bunte Kluft der Jugendlichen: „Im Spätsommer 1940 nahmen mich Hans und Maria zum ersten Mal mit zu ihrer Gruppe, die der Bündischen Jugend angehörte und sich Navajos nannte. [...] Es waren etwa zwanzig bis fünfundzwanzig Jungen und Mädchen, die fast alle aus Ehrenfelder Arbeiterfamilien stammten. Sie trugen ihre eigene Tracht [...]. Die Mädchen trugen selbstgenähte Faltenröcke mit Schottenmuster, bunte Blusen, kurze Windjacken und weiße Kniestrümpfe, die Jungen kurze Manchesterhosen, bunte Hemden und ebenfalls weiße Kniestrümpfe. An den Gitarren hingen viele bunte Bänder, die geschmückt waren mit Erinnerungsplaketten von Orten, die Ziel oder Station ihrer Wanderungen gewesen waren. Die meisten Navajos trugen am rechten Handgelenk ein Kraftriemchen mit einem Totenkopf oder einen Siegelring mit demselben Emblem.“[83]

83 Theilen, Edelweißpiraten, S. 21-22.

4 Opposition und aktiver Widerstand

„Wir wollen frei von Hitler sein"

Die Oppositionshaltung der unangepassten Jugendlichen war das Resultat einer kontinuierlichen Entwicklung, beginnend mit einer noch unbedarften kindlichen Lust am Streiche spielen, hin zu einem öffentlichen und dezidiert politischen Protest mit dem Ziel zu provozieren und den verhassten „Nazis" Schaden zuzufügen. Gertrud Koch beispielsweise verweigerte den morgendlichen Hitlergruß vor Beginn des Schulunterrichts, ebenso lehnte sie den Eintritt in den Bund Deutscher Mädel (BDM) kategorisch ab.[84] Im Umkleideraum der Turnhalle zündelte sie die Paspeln an den Jacken der Jungmädel an und gemeinsam mit den Eltern verteilte sie die verbotene kommunistische Zeitung „Die Rote Fahne" an ehemalige Genossen.[85] Auch Jean Jülich und Fritz Theilen ergriffen schon früh Partei gegen die NSDAP und deren Repräsentanten, die sich zunächst anhand tätlicher Auseinandersetzungen mit der Hitlerjugend und dem HJ-Streifendienst nachweisen lassen. Theilen wird unehrenhaft aus dem Jungvolk entlassen und **Jean Jülich** berichtet über seine ersten oppositionellen Aktivitäten: „Das fing mit kleineren Aktionen an, zum Beispiel hatten wir mit Steinschleudern Fensterscheiben von stadtbekannten Nazis eingeschossen. Ich war ja im Eisenbahn-Ausbesserungswerk beschäftigt und hatte immer in die Schmiernippel der Waggons gepinkelt, weil ich dachte, daß dann irgendwann die Räder heißlaufen. Wir waren ja damals 13, 14 Jahre alt und hatten nicht viele Möglichkeiten, dazu fehlten uns die Mittel und die Erfahrung, aber wir hatten den Willen, irgendetwas zu tun."[86] [...] „Ecke Berrenrather Straße/Sülzgürtel befand sich ein Zeitungskiosk, dessen Besitzer auch ein strammer Nazi war. Wenn wir uns Indianerheftchen kaufen wollten, versuchte er uns einzureden, dass wir doch die Romänchen über die Kriegshelden lesen sollten, damit aus uns tapfere Soldaten für Führer, Volk und Vaterland würden. Uns war zuwider, wie in diesen Heften der Krieg verherrlicht wurde. Wir hatten bereits die hässliche Seite des Bombenkrieges kennen gelernt. Es hieß, der Kioskbesitzer sei ein Denunziant und habe verschiedenen Menschen großen Schaden zugefügt. Wir entwickelten einen Plan, ihm einen Denkzettel zu verpassen. Eines Abends legten wir eine schwere Eisenkette um das Zeitungshäuschen, das nicht im Boden verankert war, sondern ohne Fundament einfach zusammengezimmert und auf den Straßenrand gesetzt worden war. Dann befestigten wir die Kette am letzten Wagen der Linie 13, die dort eine Haltestelle hatte. Die Bahn fuhr los, die Kette drehte

---

84 Vgl. Koch, Edelweiß, S. 62; S. 92.

85 Ebd., S. 69; S. 66

86 Jung/Neumann, Gegen den braunen Strom, S. 104.

das Häuschen um, und es klapperte einige Meter hinter dem letzten Wagen her, bis der Schaffner gemerkt hatte, was passiert war. Wir haben uns krankgelacht und darüber gefreut, dass wir einem alten Nazi Schaden zufügen konnten."[87]

4.1 Verbreitung von Propagandamaterial

4.1.1 Lieder

Das gemeinsame Singen nahm in der nationalsozialistischen Diktatur und insbesondere in deren Jugendorganisationen eine zentrale Rolle ein. In einer Zeit als es noch keine vergleichbaren Massenmedien gab, wurde die Indoktrination der NS-Ideologie in erster Linie über das Liedgut gesteuert. In den unteren Einheiten von BDM und HJ setzte die Reichsjugendführung zunehmend das gesteuerte Absingen vorgegebener Lieder durch, die als eines der wichtigsten Mittel weltanschaulicher Schulung angesehen wurde.[88] Der Reichsjugendführer Baldur von Schirach hatte bereits 1933 ein erstes HJ-Liederbuch mit dem Titel: „Blut und Ehre" herausgegeben.[89] Von den 162 Liedern des offiziellen HJ-Liederbuchs wiesen 72 Stücke ein kriegerisches Tötungsmotiv auf und 74 glorifizierten den Heldentod.[90] **Fritz Theilen** erinnert sich an das Fahnenlied der Hitlerjugend:

„Vorwärts, vorwärts, schmettern die hellen Fanfaren,
vorwärts, vorwärts, Jugend kennt keine Gefahren.
Deutschland, du musst leuchtend steh'n,
mögen wir auch untergeh'n.
[...]
Unsere Fahne flattert uns voran,
in die Zukunft zieh'n wir Mann für Mann,
wir marschieren für Hitler durch Nacht und durch Not
mit der Fahne der Jugend für Freiheit und Brot.
Unsere Fahne flattert uns voran,
unsere Fahne ist die neue Zeit,
und die Fahne führt uns in die Ewigkeit,
ja die Fahne ist mehr als der Tod!"[91]

87 Jülich, Kohldampf, Knast un Kamelle, S. 52.
88 Vgl. Martin Rüther: „Wo keine Gitarre klingt, da ist die Luft nicht rein!" Anmerkungen zum Singen in der NS-Zeit, S. 11.
89 Ebd., S. 8.
90 Ebd., S. 15.
91 Theilen, Edelweißpiraten, S. 16.

Betrachtet man jenen immens hohen Stellenwert, den die Nationalsozialisten innerhalb ihrer Jugendarbeit propagandistischen Liedern beimaßen, so ist es nicht verwunderlich, dass Lieder, die diesen Richtlinien zuwiderliefen, auf den Verbotsindex gesetzt wurden.[92] Unangepasste Jugendliche, wie Navajos und Edelweißpiraten, beabsichtigten durch ihr spezifisches Liedgut Hitlerjugend und HJ-Streifendienst zu provozieren. Dabei war das Singen von verbotenen Liedern alles andere als ungefährlich, galt es doch als „staatsfeindliche Betätigung" und wurde von der Gestapo vehement verfolgt. Singen und Musizieren waren, neben den bereits angesprochenen Abzeichen und der Kluft, ein weiteres wichtiges Erkennungszeichen und verbindendes Element der Edelweißpiraten. Die Liedtexte sind zum einen geprägt von der Sehnsucht nach einem abenteuerlichen, freien und selbstbestimmten Leben. Zum anderen bergen sie politischen Zündstoff, da sich die Jugendlichen darin eindeutig von ihren Gegnern distanzieren. Nur selten wurden die Texte aufgeschrieben und weitergegeben, meist verbreiteten sie sich durch Hörensagen und wurden auf gemeinsamen Fahrten von Gruppen aus anderen Städten übernommen.[93] Den Musikern kam dabei eine besondere Bedeutung zu. Sie bildeten meist den Kern der Gruppe und deren Instrumente, wie Banjo, Mandoline, Mundharmonika, Ziehharmonika und die alles beherrschende Gitarre bzw. Klampfe, galt es bei Auseinandersetzungen mit HJ oder HJ-Streifendienst unter allen Umständen zu verteidigen.[94] Jean Jülich erinnert sich: „Ich war damals ein guter Langstreckenläufer und hatte deshalb immer die Aufgabe, bei Gefahr die Instrumente zu schnappen und wegzurennen, denn die Instrumente waren ja kostbar und schwer zu beschaffen."[95] Im Folgenden sollen nun zwei Liedgruppen (Kosakenlieder und Umdichtungen) näher beleuchtet werden, die eindeutig regimekritisch und verboten waren.

Kosakenlieder

Kosakenchöre, insbesondere die Donkosaken, erfreuten sich seit Mitte der 1920er Jahre in Deutschland großer Beliebtheit.[96] Nach 1933 fanden weiterhin Tourneen statt, die von der Presse, allen voran im „Westdeutschen Beobachter" im September 1934, durchaus positiv bewertet worden waren. Im Januar 1936 wurde der russische Chor nach einem Konzert in Köln laut NS-Presse von „Sprechchören enthusiasmierter Jungen" gefeiert. Da die Jugendlichen trotz des offiziellen Verbots der bündischen Jugend nicht davor zurückschreckten, Abzeichen und Kluft in aller Öffentlichkeit zu tragen und sich zwischenzeitlich bei

92 Vgl. Rüther, „Wo keine Gitarre klingt, da ist die Luft nicht rein!", S. 6.
93 Ebd., S. 18.
94 Siehe http://www.museenkoeln.de/ausstellungen/nsd_0404_edelweiss/db_index.html.
95 Jung/Neumann, Gegen den braunen Strom, S. 102.
96 Vgl. Rüther, „Wo keine Gitarre klingt, da ist die Luft nicht rein!", S. 18.

Vernehmungen der Kölner Navajos der hohe Beliebtheitsgrad von Kosakenliedern herausgestellt hatte, gerieten solche Auftritte ins Visier der Geheimen Staatspolizei. Bei einem neuerlichen Auftritt in der Köln-Deutzer Messehalle 1938 wurde das Konzert von der Gestapo observiert. Als die jugendlichen Besucher den damaligen Hit „Platoff preisen wir den Helden“ lautstark forderten - das Lied galt als Erkennungszeichen der Bündischen Jugend - kam es bereits vor Ort zu ersten Verhaftungen.[97]

„Platoff preisen wir, den Helden; unser'n Feind
Hat er besiegt in jeder Schlacht.
Platoff preisen wir, den Helden; unser'n Feind
Hat er besiegt in jeder Schlacht.
Heil dem Sieger, Preis und Ehr'!
Heil dem Donkosakenheer!
Heil dem Sieger, Preis und Ehr'!
Heil dem Donkosakenheer!“[98]

Die große Popularität russischer Lieder bei der deutschen Jugend untergrub zusehends die gegen das slawische „Untermenschentum“ gerichtete NS-Rassenideologie. Als es im Sommer 1941 zum Überfall der Wehrmacht auf die Sowjetunion kam, wurde in der Heimat mit aller Härte gegen solche Verfehlungen vorgegangen. Vor diesem Hintergrund lassen sich die verhältnismäßig hohen Strafen erklären, die das Kölner Sondergericht im September 1943 gegen Edelweißpiraten wegen „jungbündnerischer Betätigung“ verhängte. Im Urteil heißt es: „Die Lieder waren zum großen Teil bündischem Liedergut entnommen. So sang man viele Lieder, die die Verherrlichung asiatischen oder mexikanischen Volks- oder Heldentums zum Gegenstand hatten.“ Die insgesamt acht Jungen wurden mit bis zu vier Jahren und drei Monaten Haft verurteilt - im Übrigen die höchsten Strafen, die nach Lage der Quellen in Köln jemals gegen Navajos oder Edelweißpiraten verhängt wurden.[99]

Neben jenen Kosakenliedern gab es auch Lieder, wie „Es war in Schanghai“, die von Abenteuerlust und Fernweh der Jugendlichen zeugten. Betrachtet man den Liedtext näher, so kann der Inhalt als doppeldeutig bezeichnet werden. Der Kampf „der Reiter in Koltschaks weißem Freiheitsheer für Freiheit und Rechte und für ein geknechtetes Land“ kann auch als Kampfansage ausgelegt werden.

---

97 Vgl. Rüther, „Wo keine Gitarre klingt, da ist die Luft nicht rein!“, S. 19.
98 Siehe http://www.museenkoeln.de/ausstellungen/nsd_0404_edelweiss/db_index.html.
99 Vgl. Rüther, „Wo keine Gitarre klingt, da ist die Luft nicht rein!“, S. 20.

„Es war in Schanghai“

„Es war in Schanghai
Um Mitternacht in der Ohio-Bar,
da trafen sich drei Tramper,
die durch die Welt gezogen war´n.
Jim Parker, der kam aus Frisco,
aus Hamburg der lange Hein
und Charly, der machte den Vorschlag:
„Kameraden, wir trampen zu drein.“

Auf einem Schoner
Fuhren sie hinüber nach Hawaii,
unter Kokospalmen
sangen leis ein Liedel, die drei,
ein Lied voll von Liebe und Treue,
ein Lied voll von Heimat und Glück,
doch keinen, den packte die Reue
und keiner, der sehnte sich zurück.

Es zog sie weiter,
bis hinunter an das schwarze Meer,
sie bohrten Öl und wurden Reiter
in Koltschaks weißem Freiheitsheer.
Sie schlugen sich durch Russlands Steppe
Bis hinunter an den Wolgastrand,
sie kämpften für Freiheit und Rechte
und für ein geknechtetes Land.“[100]

Umdichtungen

Neben der Übernahme von bündischen Fahrten- und Wanderliedern wurden auch Umdichtungen bekannter Lieder zum Symbol der Unangepasstheit, die von Edelweißpiraten bzw. Navajos stolz und selbstbewusst in der Öffentlichkeit wiedergegeben wurden.[101] Zwei Strophen der Originalversion von „Wir lagen vor Madagaskar“, das auch innerhalb der Hitlerjugend gesungen wurde, erhielten von Heinrich S., einem Kölner Navajo, einen neuen Text. Dabei ist völlig unzweifelhaft, wer mit „Pest“ und „Germanenrecken“ gemeint ist.[102]

100 Siehe http://www.museenkoeln.de/ausstellungen/nsd_0404_edelweiss/db_index.html.
101 Vgl. Rüther, „Wo keine Gitarre klingt, da ist die Luft nicht rein!“, S. 21.
102 Ebd., S. 22.

„Wir lagen vor Madagaskar"
(Originalversion)

„Wir lagen vor Madagaskar
Und hatten die Pest an Bord
In den Kesseln, da faulte das Wasser
Und täglich ging einer über Bord

Refrain:
Ahoi, Kameraden, ahoi, ahoi!
Leb wohl, kleines Mädel, leb wohl, leb wohl!
Ja, wenn das Schifferklavier an Bord ertönt
Dann sind die Matrosen so still, ja so still
Weil ein jeder nach seiner Heimat sich sehnt
Die er gerne einmal wiedersehen will"[103]

„Wir lagen vor Madagaskar"
(Umdichtung)

„So ging es uns bei Madagaskar,
den Navajos zur See,
die Pest die konnte uns nicht schrecken,
Unser Glaube blieb fest bestehen.

Uns Navajos kann keiner schrecken,
wir haben ruhig Blut,
wir gleichen den Germanenrecken,
wir Navajos haben Mut."[104]

Doch nicht nur populäre Schlager und Volkslieder, sondern auch die propagandistischen NS-Kampflieder blieben vor Inbesitznahme der unangepassten Jugendlichen nicht verschont. So wurden Passagen des bereits zuvor zitierten HJ-Fahnenlieds: „Unsere Fahne flattert uns voran, in die Zukunft zieh'n wir Mann für Mann," in Anspielung auf den korpulenten Reichsjugendführer Baldur von Schirach folgendermaßen umgedichtet: „Unser Baldur flattert uns voran, unser Baldur ist ein dicker Mann."[105]

103 Siehe http://www.museenkoeln.de/ausstellungen/nsd_0404_edelweiss/db_index.html.
104 Rüther, „Wo keine Gitarre klingt, da ist die Luft nicht rein!", S. 22.
105 Ebd., S. 25.

Jean Jülich erinnert sich an das damals allseits bekannte Lied „In Junkers Kneipe." Auch in diesem Fall kommt die unmissverständliche Stellungnahme „Wir wollen frei von Hitler sein" klar zum Ausdruck.

„Statt:
Ja, wo die Burschen singen und die Klampfen klingen
und die Mädchen fallen ein,
was kann das Leben
uns denn schon geben, wir wollen glücklich sein.
Sangen wir:
Ja, wo die Fahrtenmesser blitzen und die
Hitlerjungen flitzen
und die Edelweißpiraten hintendrein,
was kann das Leben uns denn schon geben,
wir wollen frei von Hitler sein."[106]

„In Junkers Kneipe"
(Originalversion)

„In Junkers Kneipe,
bei Bier und Pfeife,
da saßen wir beisamm.
Ein kühler Tropfen,
vom besten Hopfen
uns durch die Kehle rann.

Refrain:

Ja, wenn die Burschen singen
und Klampfen klingen
und die Madel fallen ein.
Hei, was kann das Leben
schöneres geben?
Wir wollen glücklich sein!"[107]

106 Jülich, Kohldampf, Knast un Kamelle, S. 47.
107 Siehe http://www.museenkoeln.de/ausstellungen/nsd_0404_edelweiss/db_index.html.

Auch **Gertrud Koch** weiß von einer solchen Umdichtung, die innerhalb ihrer Gruppe regelmäßig gesungen wurde, zu erzählen. Durch das laute Singen jenes Lieds waren SS und HJ-Streifendienst auf die Jugendlichen aufmerksam geworden, was die Verhaftung von Gertrud und ihrer Freunde zur Folge hatte.

„An Rhein und Ruhr marschieren wir, /
Für unsere Freiheit kämpfen wir! /
Den Streifendienst, schlagt ihn entzwei! /
Edelweiß marschiert, Achtung - die Straße frei.
Wir hatten die Nazi-Fassung dieses Liedes einfach umgedichtet. Ursprünglich hieß es:
An Rhein und Ruhr marschieren wir, /
Für Adolf Hitler kämpfen wir! /
Die Rote Front, brecht sie entzwei! /
HJ (oder SA) marschiert, Achtung - die Straße frei!“[108]
Die vollständige Version, die zu der Melodie des Fahrten- und Wanderlieds „Hohe Tannen weisen die Sterne“ umgedichtet worden war, lautet:

„An Rhein und Ruhr marschieren wir“
(Umdichtung)

„An Rhein und Ruhr marschieren wir,
für unsere Freiheit kämpfen wir,
den Streifendienst, schlagt ihn entzwei,
Edelweiß marschiert, Achtung die Straße frei.

Meister gib uns die Papiere,
Meister gib uns unser Geld,
denn die Frauen sind uns lieber,
als die Schufterei auf dieser Welt.

Unser Edelweißpiratenlager
liegt in Österreich auf einem Berg
uns sollte es nur einer wagen,
zu uns zu kommen auf den Berg.
Wir werden sie herunterschlagen, ob Gestapo oder Streifendienst,
denn unsere Edelweißpiraten kennen keine feige List.

Hohe Tannen weisen Dir die Sterne,
von der Isar springend zu Flut
liegt das Lager der Edelweißpiraten,
und Du Eisbär, Du hütest es gut.

108 Koch, Edelweiß, S. 139.

Hör Eisbär, was wir Dir jetzt sagen,
unsere Heimat ist nicht mehr frei,
schwingt die Keule ja wie in alten Zeiten,
schlagt HJ, SA den Schädel entzwei."[109]

Das folgende Lied, an das sich **Fritz Theilen** erinnert, basiert auf der Melodie des in erheblichem Maße nationalsozialistisch belasteten „Es war ein Edelweiß." Hier wird vor allem das Lebensgefühl der Edelweißpiraten deutlich. Der Felsensee im Siebengebirge nahe Königswinter war, neben den dortigen Blauen See und Märchensee, ein beliebtes Ausflugsziel Kölner Edelweißpiraten. Dort konnte fernab von Hitlerjugend, Gestapo und der von alliierten Bomben zerstörten Großstadt in der freien und unberührten Natur gebadet, gezeltet und ungestört am Lagerfeuer gesungen werden.[110] Dass die Gefahr einer möglichen Verhaftung jederzeit bestand und niemals außer Acht gelassen werden durfte, geht ebenfalls aus dem Liedtext hervor. Das Konzentrationslager bei Neuwied war ausschließlich für solche Jugendliche bestimmt.[111]

„Ganz Einsam Und Verlassen
An Einer Felsenwand,
Wohl Unter Blauem Himmel,
Der Felsensee Genannt.
Dort Treffen Sich Piraten
Vom Stamme Edelweiß
Mit Ihren Blonden Mädels
Von Köln Am Rhein Allein.
Und Wenn Sie Uns Mal Schnappen,
Dann Geht Es Nach Neuwied,
Und Dort In Stiller Einsamkeit,
Da Singen Wir Ein Lied.
Wir Sind Piraten
Vom Trampen Und Von Fahrten,
Und Das Kleine Edelweiß
Soll Unser Zeichen Sein."[112]

---

109 Siehe http://www.museenkoeln.de/ausstellungen/nsd_0404_edelweiss/db_index.html.
110 Vgl. Rüther, „Wo Keine Gitarre Klingt, Da Ist Die Luft Nicht Rein!", S. 29.
111 Vgl. Jovy, Jugendbewegung und Nationalsozialismus, S. 177.
112 Rüther, „Wo Keine Gitarre Klingt, Da Ist Die Luft Nicht Rein!", S. 29.

4.1.2 Flugblätter und Parolen

Trotz der großen Anzahl von unangepassten Jugendlichen außerhalb der Hitlerjugend, die ihre Ablehnung durch abweichende Kleidung und oppositionelles Liedgut symbolisierten, ging nur eine Minderheit jener non-konformen Jugendlichen zum dezidiert politischen Widerstand über. In erster Linie war es der Protest gegen die fehlende Selbstbestimmung innerhalb der NS-Jugendorganisationen, die Mädchen und Jungen an den Gruppen der Edelweißpiraten faszinierten. Neben den Zusammenstößen mit der HJ und deren Streifendienst, kam es in einzelnen Fällen jedoch auch zu politisch motivierten Aktionen, die u. a. von Gertrud Koch, Jean Jülich und Fritz Theilen umgesetzt wurden. Hier spielen die in Kapitel 3.3 beschriebenen Schlüsselszenen eine entscheidende Rolle, denn einschneidende negative Erlebnisse hatten die Kinder geprägt und schon früh zur Ablehnung des NS-Regimes geführt. Da Zeugnisse von aktiven Widerstandsaktionen rar sind, kommt den Aussagen ehemaliger Edelweißpiraten eine besondere Bedeutung zu. Nur vereinzelt wurden meist handschriftliche Flugblätter überliefert. Daher wird an dieser Stelle auf eine Flugschrift von Wuppertaler Edelweißpiraten aus dem Jahre 1942 verwiesen:

„Einst wird kommen der Tag
wir wieder frei,
unsere Ketten entzwei.
Wo wir wieder auf
Walz
ohne Geh. Stopo auf'm
Hals
wieder Lieder
klingen
die wir heut nur
im geheimen
singen
Dann ist's soweit“[113]

Gertrud Koch berichtet von einer Aktion, als ein Mitglied ihrer Gruppe Edelweiß von der Kuppel des Kölner Hauptbahnhofes einen Rucksack mit Flugblättern entleerte, während die anderen Gruppenmitglieder unten „Schmiere standen.“[114] Hier werden Parallelen zur Gruppe der „Weißen Rose“ um Hans und Sophie Scholl und deren Vorgehensweise an der Münchner Universität deutlich. Die Texte jener Flugschriften wurden innerhalb der Gruppe formuliert und von

113 Detlev Peukert: Die Edelweißpiraten. Protestbewegungen jugendlicher Arbeiter im Dritten Reich. Köln 1980, S. 80.

114 Vgl. Koch, Edelweiß, S. 21.

Tom, auch das war ein Deckname, der im Kölner Vorort Pesch eine kleine Druckerei hatte, die normalerweise Kirchenzeitungen für katholische Gemeinden herstellte, gedruckt. Die Parolen hatten immer eine bestimmte Schriftgröße, sodass der Text, auf den am Boden liegenden Flugblättern von den Passanten mühelos entziffert werden konnte. Aus Angst vor möglichen Denunziationen hätte kaum jemand ein solches Blatt aufgehoben und eingehender betrachtet.[115] Den Inhalt schildert Koch folgendermaßen: „«Macht endlich Schluss mit der braunen Horde!», «Soldaten legt die Waffen nieder» oder «Wir kommen um in diesem Elend. Diese Welt ist nicht mehr unsere Welt. Wir müssen kämpfen für eine andere Welt, sonst gehen wir unter, kommen um in diesem Elend.»“[116]

Da man mit Edelweißgruppen aus anderen Stadtteilen, wie Ehrenfeld, Kalk oder Sülz zusammenarbeitete, war es möglich, pro Woche zwei bis drei Flugblätter zu verteilen. Die selbst gefertigten Schriften wurden nicht unterschrieben, da das Handeln aus dem Verborgenen heraus war überlebenswichtig. Auch der Name Edelweiß tauchte nicht auf, höchstens eine aufgezeichnete Edelweißblume war erkennbar.[117] Über das Vorgehen beim Verteilen jener Flugblätter berichtet Gertrud Koch: „Wenn wir die Flugblätter nachts [...] holten, verteilten wir sie im Schutze der Dunkelheit dort, wo am nächsten Tag viele Menschen waren. Kirchenstufen waren unser bevorzugtes Ziel. In den Kölner Dom schlichen wir uns auch tagsüber, weil es dort nur so von Leuten wimmelte und die Gefahr, entdeckt zu werden, gering war. Wir legten unsere Drucksachen in die Fächer für die Gesangbücher, die sich in den Bänken befanden. Wir trugen Umhängetaschen, mit denen damals fast jeder herumlief. In die steckten wir das Gesangbuch, falteten ein Flugblatt zusammen, das in der Tasche verborgen war, und legten das Buch anschließend wieder an seinen Platz zurück. Keine Papierecke schaute heraus. Nie hatten wir viele Flugblätter bei uns, manchmal nur drei oder vier, denn es war wichtig, immer alle loszuwerden. Kein einziges Blatt durfte bei uns gefunden werden. Neben den Kirchen waren wir auf Bahnhofstoiletten abonniert, aber auch auf Museen, für die man keinen Eintritt bezahlen musste. Im Vorbeigehen versteckten wir die Flugblätter hinter Vitrinen oder legten sie in Ecken.“[118]

115 Koch, Edelweiß, S. 16-17.
116 Ebd., S. 97.
117 Ebd., S. 98.
118 Ebd., S. 106-107.

Auch **Fritz Theilen** hatte entschieden, an politisch motivierten Aktionen teilzunehmen. Daher schloss er sich der Ehrenfelder Edelweißpiratengruppe an, die sich aus sieben bis acht Jungen und einigen Mädchen zusammensetzte und zu diesem Zeitpunkt bereits aktiven Widerstand gegen die Nationalsozialisten leistete. Zu jener Gruppe gehörten auch Franz Rheinberger, Bartholomäus Schink sowie Günter Schwarz.[119] In erster Linie schrieben die Jugendlichen antifaschistische Parolen an Häuser und Trümmerwände. Auch der „Feindsender" BBC London wurde abgehört, was als „Wehrkraftzersetzung" mit dem Tode bestraft werden konnte. Dessen Nachrichten wurden auf Flugblättern festgehalten und öffentlich gemacht: „In einen Trümmerhaufen stellten wir ein Hitlerbild und schrieben dazu:
DAS VERDANKEN WIR UNSEREM FÜHRER
oder:
EIN VOLK, EIN REICH, EIN TRÜMMERHAUFEN
Außerdem gaben wir Meldungen, die wir von BBC London über die Lage an den verschiedenen Fronten erhalten hatten, weiter, anfangs in Form kleiner handgeschriebener Zettel, später haben wir aus Zeitungssilben zusammengeschnittene Flugblätter an gut sichtbaren Stellen angeklebt. Als Kleber benutzten wir erst Mehl und Wasser, das wir zu einer Pampe verrührten. Die meisten Textblätter hingen nicht viel länger als eine Stunde oder höchstens bis zum nächsten Regenschauer, der die Mehlpampe aufweichte. Als wir kein Mehl mehr auftreiben konnten, nahmen wir heruntergefallenen Wandputz und vermischten den mit Wasser. Am besten ging es, wenn wir Heringsbrühe mit Kalk oder Karbid vermischt, ergab, wie wir schnell herausfanden, eine richtige Schreib- und Klebemasse, die auch Regen und Wind widerstehen konnte.
DIE ALLIIERTEN TRUPPEN AN ALLEN FRONTEN AUF DEM VORMARSCH.
TAUSENDE DEUTSCHER SOLDATEN FÜR DEN WAHNSINN HITLERS GEFALLEN."[120]

Weitere Parolen lauteten:
„NIEDER MIT DEM KRIEG,
NIEDER MIT DEN NAZIS!
sowie
CHARKOW VON RUSSISCHEN
TRUPPEN ZURÜCKEROBERT!"[121]

---

119 Vgl. Theilen, Edelweißpiraten, S. 77.
120 Ebd., S. 77-78.
121 Ebd., S. 100.

Außerdem wurde ein alliierter Fliegerangriff auf Köln von Fritz und seinen Freunden genutzt, um am Ehrenfelder Bahndamm, die auf den seitlichen Schutzschildern des Kessels einer Lokomotive angebrachte Parole »Räder müssen rollen für den Sieg!« mit dem Zusatz:
„RÄDER MÜSSEN ROLLEN FÜR DEN SIEG!
NAZIKÖPFE ROLLEN NACH DEM KRIEG!"
zu ergänzen.[122]

4.2 Unterstützung ausländischer Zwangsarbeiter

Das Leid der Zwangsarbeiter, die unter menschenunwürdigen Bedingungen bei harter Arbeit und miserabler Ernährung in zahlreichen Gefangenenlagern innerhalb Kölns festgehalten wurden, blieb der Zivilbevölkerung nicht verborgen. **Fritz Theilen** erinnert sich beispielsweise an das so genannte „Russenlager" in der alten Gas- und Rußfabrik in Ehrenfeld, das er und seine Freunde als besonders grausam empfanden. Die dort inhaftierten sowjetischen Gefangenen waren so hungrig, dass sie, obwohl es ihnen verboten war, jeden um etwas Essbares anbettelten. Die Jungen beschlossen zu helfen und Lebensmittel aus einem der zahlreichen Transporte der Reichsbahn zu entwenden.[123] Da die Waggontüren jedoch für die Jugendlichen ein unüberwindbares Hindernis darstellten, kam es zur Zusammenarbeit mit zwei Männern. Diese „Profis" verkauften die erbeutete Ware auf dem Schwarzmarkt, so mutmaßt Theilen, und wollten weder mit den Zwangsarbeitern etwas zu tun haben, noch mit der Gestapo in Konflikt geraten.[124] Eine der gemeinsamen Aktionen lief folgendermaßen ab: „Schon wenige Tage später begannen wir mit unseren Aktionen. Über Franz hatten wir Kontakte zum Russenlager, wo die Wachmannschaft, fast alles ältere Männer, von uns mit Schnaps und Zigaretten bestochen wurde. Woher unsere »Profis« ihre Informationen hatten, wann die Waggons in den Ehrenfelder Güterbahnhof einliefen und wo sie abgestellt wurden, weiß ich nicht. An unsere erste »Zusammenarbeit« mit ihnen kann ich mich jedoch noch gut erinnern. Wir mussten am Bahndamm liegen und auf den obligatorischen Fliegeralarm warten. Als es gegen zwei Uhr morgens dann so weit war und die Posten der Bahnpolizei beim Einsetzen des Flakfeuers in die Einmannunterstände abzogen, liefen unsere beiden Männer zu den abgestellten Waggons. Blitzschnell hatten sie die Schiebetür geöffnet und verschwanden dahinter. Wir beobachten aufgeregt das Gelände des Güterbahnhofs. Kurze Zeit später wurde die Waggontür von innen wieder auf-

122 Theilen, Edelweißpiraten, S. 89.
123 Ebd., S. 95.
124 Ebd., S. 96.

geschoben, die beiden erschienen und verschwanden mit Paketen beladen in der Dunkelheit. Das war das Signal für uns. Auch wir waren blitzschnell im Waggon. Die Ladung, die wir dort vorfanden, bestand aus Fleisch und Wurstkonserven, und ohne lange zu überlegen, schleppten wir so viel wir tragen konnten zum Bahndamm runter. Zwei von uns liefen noch einmal zurück, um die Schiebetür zu schließen. Franz rannte zum Russenlager, um nachzusehen, ob die Luft rein war. Dann brachten wir den Kriegsgefangenen unsere Beute. Einen kleinen Teil der Pakete brachten wir auch in unser Versteck."[125]

Auch Gertrud Koch entsinnt sich an ein solches Gefangenenlager. Gemeinsam mit ihrer Mutter versuchte sie die Not der Zwangsarbeiterinnen zu lindern. Eines Tages wurde jedoch ein Wachmann auf Gertrud Koch aufmerksam und sie musste ihre Unternehmungen einstellen: „Im Grüngürtel von Köln existierte ein großes Lager mit Kriegsgefangenen und Zwangsarbeitern, die in den Kölner Rüstungsbetrieben arbeiten mussten. Zumeist waren es Russen und Franzosen. Es gab aber auch einen Bereich, in dem hauptsächlich ukrainische Frauen und Mädchen untergebracht waren. Sie sahen schmächtig aus, manche von ihnen wirkten, als wären sie keine vierzehn Jahre alt. Mit blassen Gesichtern und großen Augen schauten sie uns durch den Zaun an. Es war sichtbar, dass sie nicht genug zu essen bekamen. Meine Mutter brachte aus der Apotheke, sooft sie konnte, dicke Platten Zucker mit, die ihr der Apotheker in die Hand drückte. Im Keller in der Görresstraße schlug sie die Platten in kleine Stücke und steckte sie in braune Papiertüten. «Steck den Zucker in deine Jackentasche», sagte meine Mutter. «Und dann gehst du ganz nah am Lagerzaun vorbei und lässt immer mal wieder ein Tütchen fallen, ganz unauffällig.» Wochenlang ging ich am frühen Abend zu diesen Frauen und Mädchen. Sie freuten sich, wenn sie mich sahen, und setzten sich schon in der Nähe der Stacheldrahtumzäunung, um ja kein Tütchen zu versäumen."[126]

---

125 Theilen, Edelweißpiraten, S. 96-97.
126 Koch, Edelweiß, S. 108-109.

4.3 Sabotage

Nach Beendigung der Volksschule begann **Fritz Theilen** im Oktober 1941 eine Lehre als Werkzeugmacher bei Ford.[127] Sein unehrenhafter Ausschluss aus dem Jungvolk der Hitlerjugend war den offiziellen Stellen nicht verborgen geblieben, denn trotz bestandener Aufnahmeprüfung wurde ihm die Stelle zunächst verweigert.[128] Nur durch den Einsatz seines Vaters und dessen Kollegen, der Lehrmeister bei Ford war, wurde die Aufnahme in die Werks-HJ schließlich möglich.[129] Nach der ersten Festnahme durch die Gestapo und seiner Freilassung aus dem Gefängnis in Brauweiler, wurde Fritz Theilen zum so genannten „Osteinsatz" bei Ford strafversetzt.[130] Was mit dem Verteilen von Butterbroten und anderen Lebensmittel an russische und ukrainische Zwangsarbeiter beginnt, setzt sich mit der Sabotage der betriebseigenen Produktion fort: „Wenn ich mich richtig erinnere, begannen wir Ende November 1943 mit unserer ersten Sabotageaktion bei Ford. Nach Feierabend, wenn alle zur Stempeluhr und zu den Umkleideräumen strömten, schlichen Hans und ich uns im Schutz der Dunkelheit zur Kaimauer am Rhein. Dort lagerten viele Ersatzteilkisten, die zwar von der Inspektion schon abgenommen, aber noch nicht verschlossen und vernagelt waren. Wir machten uns an diese Kisten heran und entwendeten wichtige Ersatzteile, die wir anschließend im Rhein versenkten. (Viele dieser Ersatzteile aus der damaligen Zeit wurden nach dem Krieg bei Aufräumungs- oder Säuberungsarbeiten am Kai aus dem Rhein geholt.) Wir spezialisierten uns anfangs auf kleinere Teile wie Benzinpumpen, Zündspulen oder Ventile. Später ließen wir aber schon mal ein ganzes Getriebe verschwinden."[131]

Ein „Geschenk" zu Hitlers Geburtstag

Die Idee von Bartholomäus Schink, während des nächtlichen Fliegeralarms dem „Schnäuzer" ein Geburtstagsgeschenk zu machen, setzten mehrere Edelweißpiraten, unter ihnen Franz Rheinberger und Fritz Theilen, in die Realität um: „Wir 'besorgten' uns ein paar Hemmschuhe und schlichen uns einer nach dem anderen zum Bahndamm an der Ludolf-Camphausen-Straße. Die Nacht war so sternenklar, daß wir auf hundert Meter und mehr die Posten der Bahnpolizei und die Ladungen der vorbeifahrenden Güterzüge auf der gegenüberliegenden Seite des Bahndammes erkennen konnten. Dorthin mußten wir, um die Hemmschuhe auf die Schienen auszulegen, den einen klemmten wir genau vor eine Weiche. Bald darauf kam in langsamer Fahrt ein mit Holz und LKWs für die Wehrmacht be-

127 Vgl. Theilen, Edelweißpiraten, S. 29.
128 Ebd., S. 26.
129 Ebd., S. 31.
130 Ebd., S. 66.
131 Ebd., S. 70.

ladener Güterzug auf uns zu. Viel mehr bekamen wir nicht mit, denn plötzlich war die Hölle los. Bomben schlugen in unmittelbarer Nähe ein, und es blieb uns nichts anderes übrig, als die Flucht zu ergreifen. [...] Unsere Aktion gegen die Reichsbahn muß ein toller Erfolg gewesen sein, denn in den darauffolgenden Tagen erfuhren wir von Leuten, die bei der Reichsbahn arbeiteten, daß die Bahnpolizei dahinter gekommen war, daß der Zug nicht durch Feindeinwirkung, sondern durch Sabotage zur Entgleisung gebracht worden war.“[132] Nach der gelungenen Aktion am Ehrenfelder Bahndamm und dem verheerenden amerikanischen Luftangriff auf Köln am 20. April 1944 hatten sich die Jugendlichen dem Luftschutz und der Feuerwehr als Helfer für Lösch- und Aufräumarbeiten zur Verfügung gestellt, um an ein Alibi für diese Nacht zu gelangen. Die Gestapo sah jedoch keinen Zusammenhang zwischen dem entgleisten Zug und den Edelweißpiraten aus Köln-Ehrenfeld.[133] Noch konnten sich die Jugendlichen dem Zugriff durch die Geheime Staatspolizei entziehen. Am folgenden Tag tauchte Fritz Theilen unter und begann sein Leben in der Illegalität.[134]

4.4 Fund des Brückensprenggeräts

Jean Jülich erinnert sich an die folgenden gruppeninternen Aktionen, darunter auch die Entdeckung eines Brückensprenggeräts: „Einer unserer Freunde war Fotolaborant und mischte Schwarzpulver zusammen. Wir experimentierten mit Knallkörpern. Wir füllten Karbid in Flaschen, schütteten Wasser drauf und freuten uns, wenn sie explodierten. In der Lehrwerkstatt bastelten wir heimlich Katapulte, mit deren Hilfe man auch größere Steine schleudern konnte. Auf der Straße spielten ein paar Kinder mit kleinen Zündapparaten. Unser Freund Georg Viertel stieg ihnen nach und fand in einem Keller ein Brückensprenggerät. Wenn man daran einen der kleinen Zünder anschloss, konnte man größere Sprengsätze zünden.“[135] Auf Veranlassung von Bartholomäus Schink und Franz Rheinberger brachten Jean Jülich und sein Freund Ferdinand Steingaß jenes Brückensprenggerät nach Ehrenfeld und gelangten damit in das Umfeld des entflohenen KZ-Häftlings Hans Steinbrück, der sich dort versteckt hielt.[136] Dieser beabsichtigte mittels entschärfter Bomben, die in vielen Straßen zu finden waren, und des Brückensprenggeräts einen LKW zu beladen und das EL-DE-Haus, die Kölner Gestapozentrale, zu sprengen. Angesichts erster Verhaftungen konnte

132 Jung/Neumann, Gegen den braunen Strom, S. 178.
133 Vgl. Theilen, Edelweißpiraten, S. 93.
134 Ebd., S. 94.
135 Jülich, Kohldampf, Knast un Kamelle, S. 61.
136 Ebd.

der Plan jedoch nicht realisiert werden.[137] Jener Hans Steinbrück versteckte in seinem Ehrenfelder Versteck insgesamt drei Juden, zwei Frauen und einen Mann. Auch die Brüder Günter und Wolfgang Schwarz, aufgrund ihres jüdischen Vaters als „Halbjuden" geächtet und mit Jean Jülich und Fritz Theilen eng befreundet, hielten sich zeitweise in dem Keller der Schönsteinstraße auf. Damit waren die jugendlichen Edelweißpiraten auch von versteckten Juden in Kenntnis gesetzt, was bei ihrer Entdeckung vermutlich mit standrechtlichen Erschießungen geahndet worden wäre.[138]

4.5 Gegner der „Edelweißpiraten"

Der HJ-Streifendienst (SRD)

Der HJ-Streifendienst kann als „Jugendpolizei" charakterisiert werden. Ende 1933 gegründet, war der Streifendienst der Hitlerjugend zunächst für die interne Überwachung des Fahrten- und Lagerwesens der HJ und des BDM zuständig. Eine so genannte „Streifenkameradschaft" setzte sich aus meist älteren HJ-Führern zusammen und war der Reichsjugendführung (RJF) unterstellt.[139] In den bereits in Kapitel 2 erwähnten Richtlinien für den HJ-Streifendienst vom 1. Juni 1938 heißt es zum „Einschreiten gegen bündische und andere Gruppen": „Die *bündische Jugend* ist in allen ihren Erscheinungsformen reichsgesetzlich *verboten*. Bündische Betätigung ist staatsfeindliche Betätigung. Die Überwachung der sich bündisch betätigenden Jugendlichen ist Sache der HJ und gehört damit zu einer wesentlichen Aufgabe des SRD. [...] Bündische Betätigung wird meist bei Fahrtkontrollen festgestellt werden. Ergibt sich bei solchen Kontrollen nach dem Auftreten der Gruppe, der Art der Ausweise oder aus anderen Gründen der dringende Verdacht bündischer Betätigung, so ist die *Polizei* nach den allgemeinen Richtlinien für Verstöße gegen staatliche Gesetze und Verordnungen zu *verständigen*. [...] Bei Fahrten einzelner Jugendlicher, die beanstandet werden, sind folgende Feststellungen zu machen:

137 Vgl. Jung/Neumann, Gegen den braunen Strom, S. 104.
138 Interview mit Jean Jülich vom 29.01.2010.
139 Vgl. Matthias von Hellfeld: Bündische Jugend und Hitlerjugend. Zur Geschichte von Anpassung und Widerstand 1930-1939. Köln 1987, S. 189.

Name,
Vorname,
Wohnort,
Straße,
Geburtsort,
Geburtsdatum,
Konfession,
Zugehörigkeit zur HJ,
frühere Zugehörigkeit zu bündischen, konfessionellen oder polizeilichen Verbänden,
Ausgangsort,
Ziel und Zweck der Fahrt,
Kleidung.
Bei Fahrten von *Gruppen Jugendlicher* ist nach Möglichkeit folgendes festzustellen:
verantwortlicher Führer,
konfessionelle Zusammensetzung,
Alter und Geschlecht der Teilnehmer,
Teilnahme von Angehörigen der HJ,
Kleidung,
Liedgut,
Gesamthaltung. (...)“[140]

Bereits im März 1936 war eine Dienstvorschrift erlassen worden, die die Befugnisse und Aufgaben des SRD näher erläuterte. Diese Verhaltensrichtlinie hob hervor, dass der Streifendienst der Hitlerjugend keinerlei polizeiliche Rechte inne hat und von den Banndienststellen lediglich bei HJ-Großveranstaltungen und Fahrtenkontrollen eingesetzt werden darf. Hierbei hatte der SRD Kontrollrechte nur über HJ- oder BDM-Mitglieder. Im Falle von Streitigkeiten oder Auseinandersetzungen mit Angehörigen verbotener bündischer Gruppen war der HJ-Streifendienst verpflichtet, die Polizei einzuschalten und deren Entscheidung abzuwarten.[141] Ein Schnellbrief der Staatspolizeistelle Düsseldorf vom 3. April 1939 an ihre Außendienststellen und die Landräte und Bürgermeister ihres Bezirkes lautet: „Während der Osterfeiertage wird die Hitler-Jugend ihren Streifendienst zur Überwachung des Jugendwanderns einsetzen. [...] In den vergangenen Jahren ist es verschiedentlich vorgekommen, daß Sachen von der HJ eingezogen und auf HJ-Dienststellen aufbewahrt worden sind. Ich weise darauf hin,

140 Von Hellfeld/Klönne, Die betrogene Generation, S. 303-305.
141 Vgl. Von Hellfeld, Bündische Jugend und Hitlerjugend, S. 189.

daß HJ-Führern und HJ-Angehörigen keine polizeilichen oder hilfspolizeilichen Befugnisse zustehen, diese vielmehr den zuständigen Polizeibehörden nach eigener pflichtgemäßer Prüfung obliegen. Die Sicherstellung und Aufbewahrung von Sachen erfolgt *grundsätzlich* durch die Polizei. Die HJ-Führer und HJ-Angehörigen des Streifendienstes haben nur Disziplinargewalt gegenüber HJ-Angehörigen."[142]

Aus Prozessunterlagen und Berichten von Zeitzeugen geht hervor, dass sich die Streifendienstangehörigen in der Praxis oftmals über die vorgeschriebenen Richtlinien hinwegsetzten und, zur Verärgerung der unangepassten Jugendlichen, durchaus polizeiliche Befugnisse für sich in Anspruch nahmen.[143] Bei den Auseinandersetzungen zwischen Streifendienst und Jugendlichen außerhalb der Hitlerjugend, die sich mit dem Verbot der Weiterführung der bündischen Jugend von 1936 zunehmend verschärften, waren beide Seiten auf Trophäen aus. Bekleidungsgegenstände mit bündischem Charakter (Halstücher, Lederzeug, Abzeichen, Kopfbedeckungen, Fahrtenmesser) wurden von den Streifenkameradschaften einbehalten. Die Edelweißpiraten wiederum entrissen ihren Gegnern die Ausweise, Schulterklappen und Führerschnüre.[144] Auch Jean Jülich erinnert sich an ein Tirolerhütchen mit einigen Anstecknadeln, darunter auch ein Edelweiß, das ihm zunächst abgenommen wurde, jedoch von einem Freund zurückerobert werden konnte.[145] Der HJ-Streifendienst arbeitete nicht nur eng mit den örtlichen Polizeibehörden und der Gestapo zusammen, sondern seit einer Sonderverfügung vom 23. November 1935 des Reichsjugendführers Baldur von Schirachs, auch mit dem Sicherheitsdienst des Reichsführers SS (SD), der als Nachrichtendienst der NSDAP fungierte. Mit einem „Reichsbefehl der Reichsjugendführung" vom 26. August 1943 wurde der SRD schließlich als HJ-Kontrollorgan mit quasi-polizeilichen Vollmachten durch so genannte „Überwachungsdienststellen der Hitler-Jugend" und die „Hitler-Jugend-Streifen" ersetzt. Von diesem Zeitpunkt galt der Streifendienst der Hitlerjugend ausschließlich als Nachwuchsorganisation für Allgemeine SS und Waffen-SS.[146]

---

142 Von Hellfeld, Bündische Jugend und Hitlerjugend, S. 193-194.

143 Ebd., S. 190.

144 Vgl. Kenkmann, Im Visier von HJ, Partei und Gestapo - die »bündische« Jugend, S. 179.

145 Vgl. Jülich, Kohldampf, Knast un Kamelle, S. 54.

146 Vgl. Von Hellfeld, Bündische Jugend und Hitlerjugend, S. 191.

5 Verfolgung und Verhaftung

Folter, Misshandlung, Ermordung durch Beamte der Gestapo

5.1 Das EL-DE-Haus: Sitz der Kölner Gestapo

Das EL-DE-Haus an der Ecke Appellhofplatz/Elisenstraße im Stadtzentrum gelegen, war von Dezember 1935 bis März 1945 Sitz der Geheimen Staatspolizei für den Regierungsbezirk und das Stadtgebiet Köln. Regierungsgebäude, Gerichtsgefängnis am Klingelpütz, Polizeipräsidium und Kriminaldirektion am Weidenbach lagen in unmittelbarer Nähe. Das Landgerichtsgebäude am Appellhofplatz - seit März 1933 tagte dort das neu eingerichtete Kölner Sondergericht - lag direkt gegenüber der Gestapozentrale. So war ein „kurzer Dienstweg" gewährleistet.[147] Als eins von wenigen Gebäuden der Kölner Innenstadt hat das EL-DE-Haus das Kriegsende fast unbeschädigt überstanden. Der Name geht zurück auf die Initialen seines Bauherrn, dem Kölner Kaufmann **L**eopold **D**ahmen, der im Haus Langgasse 21 - 1935 erfolgte die Umbenennung von Langgasse in Appellhofplatz - eine Großhandlung für Goldwaren und Uhrmacherbedarf betrieb. Das Gebäude, ursprünglich als Wohn- und Geschäftshaus gedacht, entstand in den Jahren 1934/35 an Stelle zweier älterer kleiner Häuser.[148] Nach dem Richtfest im Sommer 1935 erschien bei Leopold Dahmen ein hoher Beamter, der damals ganz in der Nähe, in der Zeughausstraße 8 untergebrachten Kölner Staatspolizeistelle - wahrscheinlich der damalige Leiter der Kölner Staatspolizeistelle Dr. J. Nockemann - und nahm den Rohbau flüchtig in Augenschein. Noch am selben Tag wurde das Gebäude von der Staatspolizei beschlagnahmt. Auf den ihm vorgeschlagenen Mietvertrag ging der Eigentümer notgedrungen ein, sodass eine Reihe bereits abgeschlossener Mietverträge über Büros und Wohnungen wieder rückgängig gemacht werden mussten. Die Gestapo baute den Rohbau für ihre Zwecke um und stellte die Bauarbeiten schnellstmöglich fertig. Da den Behörden in einem Rundschreiben vom 27. November 1935, der für den 29. und 30. November vorgesehene Umzug angekündigt wurde, residierte die Gestapo vermutlich seit dem 1. Dezember 1935 im EL-DE-Haus.[149] „Die Geheime Staatspolizei. Staatspolizeistelle Köln", so die amtliche Bezeichnung seit dem 22. April 1937, war neben dem Regierungsbezirk Köln ab 1943 auch für den Regierungsbezirk Aachen sowie, nach dem Einmarsch der Wehrmacht in Belgien, für die dort besetzten und eingegliederten Gebiete Eupen und Malmedy zuständig. Im Keller des Hauses befand sich das berüchtigte Hausgefäng-

---

147 Vgl. http://www.museenkoeln.de/ausstellungen/nsd_0404_edelweiss/db_index.html.

148 Vgl. Manfred Huiskes: Die Wandinschriften des Kölner Gestapo-Gefängnisses im EL-DE-Haus 1943-1945. Eine Dokumentation. Köln 1983, S. 14.

149 Ebd., S. 15.

nis der Gestapo. Es bestand ursprünglich aus zehn Zellen, Waschräumen und sanitären Einrichtungen sowie aus Räumen für die Wachleute der Gestapo.[150] Die in gutem Zustand erhalten gebliebenen Häftlingszellen und in die Wand eingeritzten Inschriften der Gefangenen, wie beispielsweise:

„Rio die Schanero
AHeu Kapalero
Edelweispiraten
sind treu,“[151]

bilden seit Dezember 1981 die Gedenkstätte Gestapogefängnis und seit 1988 den Mittelpunkt des NS-Dokumentationszentrums der Stadt Köln. Im Juni 1997 eröffnete außerdem die Dauerausstellung „Köln im Nationalsozialismus“, die seitdem besichtigt werden kann.[152]

Nachdem das Gebäude 1944 durch Luftangriffe mehrmals leicht beschädigt worden war, wurden einzelne Abteilungen und Referate nach Marienheide und Kaiserau ausgelagert. Neben verschiedenen Außenstellen (z. B. in Aachen und Bonn) und Außenposten (z. B. in Gummersbach und Düren) wurden im Herbst zwei Sonderkommandos gebildet: das „Kommando Mohr“ und das „**Kommando Kütter**.“[153] Im Innenhof des EL-DE-Hauses wurden in den letzten Monaten des Krieges mehrere hundert Menschen, vor allem ausländische Zwangsarbeiterinnen und Zwangsarbeiter, hingerichtet. Ein Großteil dieser Exekutionen, die dort Ende 1944 durchgeführt wurden, gehen auf das Kommando um Ferdinand Kütter zurück.[154]

150 Informationsbroschüre: Das NS-Dokumentationszentrum der Stadt Köln. Ein Überblick.

151 Manfred Huiskes: Die Wandinschriften des Kölner Gestapo-Gefängnisses im EL-DE-Haus 1943-1945, S. 113. Rechtschreibung im Original.

152 Informationsbroschüre: Das NS-Dokumentationszentrum der Stadt Köln. Ein Überblick.

153 Hermann Daners/Josef Wißkirchen: Was in Brauweiler geschah. Die NS-Zeit und ihre Folgen in der Rheinischen Provinzial-Arbeitsanstalt. Dokumentation. Pulheim 2006, S. 96.

154 Ebd., S. 105.

Gertrud Koch

Gertrud Koch berichtet, nach der Festnahme durch die Düsseldorfer Gestapo, von ihrer Ankunft im Kölner EL-DE-Haus: „Nach einer guten Stunde Fahrt hielt der Mannschaftswagen in der Kölner Innenstadt vor dem EL-DE-Haus. Als wir von der Ladefläche sprangen, lief es mir kalt über den Rücken. [...] Schließlich schubste uns ein Gestapomann, ein großer, kräftiger Kerl, durch den Eingang. Er hatte von einem der SS-Männer ein Schreiben überreicht bekommen, wahrscheinlich die Meldung über unsere Verhaftung. [...] Die Halle, in die wir nun gelangten, war in einem grünlich-gelben Ton gestrichen, nackte Glühbirnen hingen an den Decken und verbreiteten ein kaltes Licht. «Da geht's lang», brüllte ein Gestapomann und stieß uns zu einer engen und steilen Kellertreppe. [...] Eine schwere Holztür wurde aufgeschlossen. Von einem Wachmann, der von seinem Holzstuhl aufsprang, als der Gestapomann die Kellerräume betrat, wurde ich in eine kleine schlauchartige Zelle mit vergittertem Fenster gestoßen. Normalerweise wäre ich bei diesem heftigen Schubs auf den Boden gefallen, aber ich wurde von ungefähr acht Frauen aufgefangen, die eingepfercht in der zwei mal vier Meter großen Zelle an der Wand standen. Sitzen konnte keine von ihnen, der Platz reichte dafür nicht aus. Die Enge in der Zelle war schrecklich. Es gab nicht einmal für einen einzigen Menschen genügend Luft zum Atmen. Wie sollten wir es nun zu neunt darin aushalten?“[155] Der Gestapobeamte **Josef Hoegen** verhörte Gertrud Koch im EL-DE-Haus verhören.

Jean Jülich

Jean Jülich wurde am 10. Oktober 1944 durch Gestapokommissar **Schiffer** und drei weitere Beamte verhaftet. Noch am selben Abend brachte man ihn in das Gestapogefängnis nach Brauweiler. Den nur kurz währenden Aufenthalt im EL-DE-Haus beschrieb er folgendermaßen: „Wir fuhren zum EL-DE-Haus, wo ich mich im Pförtnerraum zuerst an eine Wand stellen musste. [...] Kurze Zeit später wurde ich von einem SS-Mann an die Tür zum Keller gebracht, in dem sich mehrere Zellen befanden. Es dauerte einen Augenblick, bis ein Gefängniswärter der Gestapo erschien, dem ich übergeben wurde. Er schloss sorgfältig die Tür hinter uns zu. Jetzt wurde es dunkel um mich herum. Als ich mich gerade an die Dunkelheit gewöhnt hatte, fragte mich der Gestapomann: »Na, du bist doch unschuldig?« Ich antwortete: »Ich weiß nicht, was ich getan haben soll.« Da gab er mir einen Tritt, worauf ich die mit Stahlkappen versehene Kellertreppe herunterfiel. Mir war, als hätte ich mir sämtliche Knochen gebrochen. So lag ich einige Zeit da unten im Keller des EL-DE-Hauses. Ich hatte schlimme Kopfschmerzen,

155 Koch, Edelweiß, S. 145-146.

aber viel schlimmer war die Angst vor dem, was jetzt noch kommen würde. Der Gestapomann grinste mich hämisch an.“[156]

Fritz Theilen

Fritz Theilen fasst seine Erinnerungen an das EL-DE-Haus folgendermaßen zusammen: „Im Oktober 1943 erhielt ich völlig überraschend eine Vorladung der Gestapo in Köln. Darin wurde ich aufgefordert, in einer »ungeklärten Sache« als Zeuge im EL-DE-Haus in der Elisenstraße zu erscheinen. [...] Am Tag unserer Vorladung, es muss Ende Oktober 1943 gewesen sein, gingen Helmut und ich zum EL-DE-Haus. Nachdem wir uns beim Pförtner gemeldet hatten, wurden wir ins Zimmer der Gestapo-Leute Fink und Manthey geschickt. Davor warteten schon einige andere Freunde, fast alle aus Ehrenfeld. Sie hatten die gleiche Vorladung bekommen wie wir und waren genauso ahnungslos. Nachdem wir unsere Personalien angegeben hatten, wurden wir ohne weitere Erklärungen in den Keller gebracht. Dann ging alles sehr schnell. Der SD-Mann (Sicherheitsdienst), der uns in den Keller gebracht hatte, brüllte: »Aufstellen, der Größe nach, aber ein bisschen plötzlich«, und dann stellte er uns lachend den »Kellermeister« **Hoegen** vor. Dieser, klein von Statur, bekleidet nur mit einem Hemd, Breecheshosen mit Hosenträgern und Stiefeln, in den Händen eine Hundepeitsche haltend, baute sich vor uns auf. Mit lauter Stimme erklärte er uns, wo wir uns befänden. Dann ging er drohend auf jedem Einzelnen von uns zu und stellte immer die gleiche Frage: »Warum hat man dich vorgeladen?« und »Weshalb bist du in den Keller gekommen?« Kam nicht sofort eine Antwort auf seine Frage, schlug er erbarmungslos mit der Hundepeitsche oder seinen Fäusten zu und bedachte uns dabei mit den unflätigsten Ausdrücken. Jetzt wussten wir, warum dieser Hoegen im EL-DE-Haus und im Gestapo-Gefängnis in Köln-Brauweiler so gefürchtet war. Nachdem er seine Vorstellung beendet hatte, wurden wir in eine Zelle gebracht, die schon restlos überfüllt war, 16 oder 18 Personen standen eng beieinander, und die Luft war unerträglich.“[157]

156 Jülich, Kohldampf, Knast un Kamelle, S. 74-75.
157 Theilen, Edelweißpiraten, S. 47-49.

Auf den folgenden Bildern, die beim Besuch des NS-Dokumentationszentrums der Stadt Köln am 29.01.2010 entstanden sind, ist zum einen die Kellertreppe zu sehen, die von Gertrud Koch und Jean Jülich in den vorangegangenen Zitaten eindringlich beschrieben worden ist. Sie führt vom Eingangsbereich im Erdgeschoss hinunter in das ehemalige Hausgefängnis der Gestapo. Die Dunkelzelle umfasst 2,4 qm. In dieser Zelle mussten die Häftlinge einen oder auch mehrere Tage bei absoluter Dunkelheit verbringen. Im Vorraum - auf dem Foto sind dort Informationstafeln zu erkennen - wurden so genannte „verschärfte Vernehmungen“ von Gestapobeamten durchgeführt. Die letzte Abbildung zeigt den, durch eine Glasscheibe geschützten Blick in eine der insgesamt zehn Zellen. Ursprünglich waren diese etwa 5 qm großen Zellen für ein bis zwei Personen konzipiert. In einer nur unwesentlich größeren Zelle wurden jedoch, laut einer Wandinschrift, insgesamt 33 Häftlinge festgehalten. Die Gestapo selbst ging im November 1944 von einer acht- bis zehnfachen Überbelegung des Gefängnisses aus. Durch das kleine Fenster im Hintergrund der Zelle konnten Schreie und der penetrante Geruch der hygienisch unzumutbaren Zellen nach draußen dringen.[158]

158 Siehe Audio-Führung durch die Gedenkstätte Gestapogefängnis.

5.2 Das Gestapogefängnis im EL-DE Haus

Abb. 3: EL-DE-Haus (Außenansicht) und Kellertreppe

(Quelle: Privatbesitz)

Abb. 4: Dunkelzelle und gewöhnliche Zelle

(Quelle: Privatbesitz)

5.3 Die ehemalige Abtei Brauweiler

Arbeitslager, Gestapogefängnis und Konzentrationslager

Die etwa einundzwanzig Kilometer nordwestlich von Köln gelegene, mittelalterliche Benediktinerabtei Brauweiler wurde nach deren Säkularisierung im Jahre 1802 unter Napoleon als „Bettlerdepot" genutzt. In preußischer Zeit entstand aus jenem „Bettlerdepot" eine Provinzial-Arbeitsanstalt, die für die gesamte preußische Rheinprovinz zuständig- und der Rheinischen Provinzialverwaltung in Düsseldorf unterstellt war.[159] In mehreren Gebäuden konnten bis zu 1500 Männer und 300 Frauen untergebracht werden. Ziel war es, die Insassen durch harte Arbeit und berufliche Qualifikation zu einem selbständigen Leben innerhalb der Gesellschaft anzuleiten.[160] Zu den zentralen Gebäuden der Arbeitsanstalt Brauweiler zählten das Frauenhaus (erbaut 1864), das Alte Arresthaus (erbaut 1897/98), das Bewahrungshaus (erbaut 1906 bis 1908) und der Zellenbau.[161] Erhalten geblieben ist nur das ehemalige Frauenhaus, das heute vom Landschaftsverband Rheinland als Bürogebäude genutzt wird. Im Keller des Hauses können eine kleine Gedenkstätte und zwei ehemalige Arrestzellen besichtigt werden. Außerdem erinnern ein Gedenkstein und eine Bronzetafel im Park auf dem ehemaligen Abteigelände an die Opfer des Nationalsozialismus.[162] Deren Inschrift lautet:

AUF DIESEM GELÄNDE BEFAND SICH BIS 1968
DIE ARBEITSANSTALT BRAUWEILER.
IN DEN JAHREN DES NATIONALSOZIALISMUS
WAR SIE ZEITWEISE AUCH KONZENTRATIONSLAGER
UND GESTAPOGEFÄNGNIS.
HIER WURDEN MENSCHEN EINGESPERRT,
GEFOLTERT, ZWANGSSTERILISIERT UND DER
TÖTUNGSMASCHINERIE AUSGELIEFERT.
DEN OPFERN ZUM GEDÄCHTNIS.

Der Zellenbau der Arbeitsanstalt Brauweiler auf den ein Fokus gerichtet werden soll, wurde von 1907 bis 1913 errichtet. Der dreigeschossige Bau besaß 149 Einzelzellen, 5 Arbeitssäle, 1 Schulraum, 1 Badeanstalt sowie Arzt-, Besucher- und Verhörzimmer. Der Hofraum war mit 4,50 m hohen Mauern umschlossen. Der Mittelgang der beiden Obergeschosse hatte an den Längsseiten ca. 90 cm

---

159 Vgl. Daners/Wißkirchen, Was in Brauweiler geschah, S. 8.
160 Ebd., S. 16.
161 Ebd., S. 17.
162 Ebd., S. 14.

breite, mit Gittern gesicherte Umgänge und blieb in der Mitte offen.[163] Ursprünglich als Isoliergebäude für Zuhälter gedacht wurde das Gebäude in den 1920er Jahren als Strafgefängnis der Kölner Strafvollzugsbehörde und von März 1933 bis 12. März 1934 als „Schutzhaftlager“ für politische Gegner und frühes Konzentrationslager genutzt. Als Hafträume dienten neben dem Zellenbau auch das Bewahrungshaus. In der Folgezeit brachte man im Zellenbau, dem so genannten Jugendhaus Freimersdorf, jugendliche Fürsorgezöglinge unter. Jene Zellen des Jugendhauses wurden zum zentralen Inhaftierungsort der Edelweißpiraten aus dem Kölner Raum.[164]

- **Ostermontag, der 25. März 1940**:
  116 Jungen und 11 Mädchen werden als Edelweißpiraten für einen Tag im Zellenbau inhaftiert (8 Jugendliche bleiben länger in Haft).

- **Dezember 1942**:
  In der Nacht vom 4. auf den 5. Dezember 1942 werden 28 männliche und 12 weibliche Edelweißpiraten für einige Tage inhaftiert und vernommen. Einige werden in Lager abtransportiert. Ein Junge bleibt bis 9. Februar 1943.

- **Pfingsten 1943**:
  Eine Gruppe von Edelweißpiraten vor allem aus Köln-Bickendorf wird im Zellenbau inhaftiert.

- **August 1943 bis Februar 1944**:
  Insgesamt 216 Edelweißpiraten, meist 15 bis 17 Jahre alt, werden in Brauweiler inhaftiert und verhört. Viele kommen nach wenigen Tagen, manche erst nach sechs Wochen frei.[165]

Im Januar 1942 fanden in Brauweiler erstmals Vernehmungen durch die Kölner Gestapo statt, die zunächst die zweite und dritte Etage des Zellenbaus und 1944 schließlich, mit Ausnahme einiger Gemeinschaftszellen für Fürsorgezöglinge, das gesamte Gebäude beschlagnahmt hatte. Damit wurde die Arbeitsanstalt Brauweiler zur Außenstelle der im EL-DE-Haus untergebrachten Gestapozentrale. Seit Januar 1942 waren in Brauweiler ständig Gestapobeamte anwesend und das berüchtigte **Gestapokommando Kütter** hatte hier seinen Sitz.[166]

163 Daners/Wißkirchen, Was in Brauweiler geschah, S. 18.
164 Ebd., S. 80.
165 Ebd., S. 18-19.
166 Ebd., S. 11.

Gertrud Koch

Gertrud Koch war vermutlich seit Ende des Jahres 1942 bis einschließlich Mai 1943 in Brauweiler inhaftiert.[167] Auf einer Informationstafel der Dauerausstellung im NS-Dokumentationszentrum ist von insgesamt neun Monaten die Rede. „Meine Einzelzelle war ein ausbetonierter Verschlag. Wenn ich meine Hände ausstreckte, konnte ich mit den Fingerspitzen jeweils eine Wand berühren. An der einen Mauer standen drei Holzbretter, die ich nachts zum Schlafen nebeneinander legen durfte. Nach dem Morgenappell musste ich die Latten wieder hochstellen. Dann hatte ich nichts mehr, worauf ich mich setzen konnte, nur noch den nackten Boden. In einer Ecke stand ein Eimer, in den ich mein Bedürfnis verrichten durfte. Er wurde erst geleert, wenn er randvoll war. Nach einigen Tagen stank es entsetzlich. Ein Fenster gab es nicht, nur eine kleine Luke kurz unter der Decke, durch die etwas Luft und ein kleiner Lichtstrahl drangen. Meist saß ich in der Ecke unterhalb der Luke, um der völligen Dunkelheit zu entgehen. [...] Ich saß auf dem kalten Zement, alles schmerzte, zusätzlich fing ich mir eine Blasenentzündung ein. Seit der Einlieferung hatte ich keine frische Wäsche bekommen, ich muss mehr als streng gerochen haben. Einmal hatte ich gefragt, ob ich etwas Sauberes zum Anziehen haben könne - die Antwort bestand aus einem höhnischen Blick. [...] Waschen durfte ich mich nicht, manchmal habe ich etwas vom Trinkwasser auf dem Gesicht verteilt. Schließlich bekam ich auch noch meine Tage. Sosehr ich die Wärterin auch darum bat, mir eine Binde oder einen Stofffetzen zu geben, es schien sie nicht zu berühren, dass mir das Blut an den Beinen herunterlief. Wir waren Schweine für sie, dachte ich, keine Menschen. Aber das beabsichtigten die Nazis: Uns zu zeigen, dass wir Dreckschweine waren. Oft genug beschimpften sie uns ja mit diesem Ausdruck."[168]

Jean Jülich

Jean Jülich wurde insgesamt vier Monate, vom 8. Oktober 1944 bis 10. Februar 1945, im Gestapogefängnis Brauweiler festgehalten.[169] „Diese Zelle war nun für lange Monate mein Zuhause. Es war ein furchtbares Zuhause für einen Fünfzehnjährigen. Es gab keinen Kirchgang, keinen Rundgang im Hof, nichts zu lesen, noch nicht einmal, wie sonst im Gefängnis üblich, eine Bibel. Der Tag ging vom so genannten »Frühstück« um halb neun bis zum Abendessen, das es bereits um halb fünf am Nachmittag gab, weil die Wärter nach unserer Abspeisung Feierabend hatten. Es folgte eine lange, nicht enden wollende Nacht. Es wurde nicht geheizt, und der Strom für die an einem Kabel von der Decke hängende

167 Koch, Edelweiß, S. 167; S. 199.

168 Ebd., S. 188.

169 Vgl. Daners/Wißkirchen, Was in Brauweiler geschah, S. 82.

Glühbirne wurde ebenfalls abgeschaltet.“[170] [...] „Am zweiten oder dritten Tag nach Peters Fluchtversuch [gemeint ist Peter Hüppeler, der am 10. November 1944 in Köln-Ehrenfeld, gemeinsam mit sechs Jugendlichen, öffentlich hingerichtet wurde] mussten wir alle runter in den Hof und uns in Dreierreihen aufstellen. In jeder Ecke des Hofes standen ein paar SS-Leute mit gezogener Maschinenpistole. Ein Mann von der Gestapo erklärte uns, dass wir geschliffen werden müssten. Und gleich ging es los: Wir mussten laufen, springen, dann hieß es hinlegen. Auf, nieder, auf, nieder, Sprung auf, marsch, marsch. So ging es mindestens eine halbe Stunde. Einige ältere Häftlinge brachen zusammen und wurden zur Seite geschleppt, wo man sie liegen ließ. Wer weiß, was aus ihnen geworden ist. Durch die schlechte Ernährung und die Misshandlungen waren wir alle sehr geschwächt. Ich befand mich in der vierten oder fünften Dreierreihe und lief links außen mit. Der Weg im Gefängnishof war mit einer sehr rauen Schlacke ausgelegt, und nach kurzer Zeit hatte ich mir an den scharfen Kanten die Hände wund gerissen. Ich blutete und hatte starke Schmerzen. Beim nächsten »Nieder« ließ ich mich neben den Weg auf den Rasen fallen, um meine Hände zu schonen. Das hatte Gestapokommissar **Kütter** bemerkt, der die ganze Aktion stoppen ließ. Er kam zu mir und blickte einige Sekunden lang auf mich herab. Dann schob er mich mit dem Fuß wieder auf den Ascheweg und sagte: »Der Rasen hier und überall ist viel zu schade für dich. Ich sage dir, der Rasen wird sich sowieso bald auf dich legen.« Sprung auf, marsch, marsch, Sprung auf, marsch, marsch, ging es gleich weiter, und ich hatte keine Zeit, über den Sinn dieser Worte nachzudenken. Aber sie verfolgten mich während der ganzen Tortur. Der Rasen wird sich bald auf dich legen! Endlich durften wir uns wieder aufstellen und wurden zu dritt in unsere Zellen geschickt. Ein SS-Mann begleitete uns mit gezogener Pistole. Diese Maßnahme war völlig überflüssig, denn wir alle stolperten und schlichen völlig erschöpft die Stahltreppe zum Gefängnistrakt hoch. Wir waren froh, uns auf den Beinen halten zu können. Nachdem sich die Zellentür hinter mir geschlossen hatte, kamen mir die Worte des Gestapokommissars wieder in den Sinn. Der Rasen wird sich bald auf dich legen! Jetzt wurde mir klar, was sie zu bedeuten hatten. Eine furchtbare Angst überfiel mich. Ich sah nach oben, wo aus der Decke ein Elektrokabel herabhing, an dem sich die Glühbirne befand, die nie gebrannt hatte. Der Rasen wird sich bald auf dich legen! Wie sinnlos war das alles. Wir würden umgebracht werden, wie Peter Hüppeler gesagt hatte. Warum sollte ich mich weiter im Folterzimmer quälen lassen? Ich könnte auf den Schemel klettern und mich erhängen. Dann wäre alles vorbei. Mich überkam ein schreckliches Gefühl der Hoffnungslosigkeit. Ich schluchzte und weinte gotterbärmlich. Immer wieder hörte ich die Worte des

170 Jülich, Kohldampf, Knast un Kamelle, S. 77.

Gestapomannes, immer wieder sah ich hinauf zu dem ekligen schwarzen Kabel. Irgendwann schlief ich vor lauter Erschöpfung ein. Es war trotz der Umstände ein erlösender und wohltuender Schlaf. Als ich wach wurde, dämmerte es schon ein wenig. Ich sah noch einmal nach dem Elektrokabel. Aber der starke Lebenswille eines jungen Menschen hatte gesiegt. Und in all der Hoffnungslosigkeit sagte ich mir ein trotziges »Nein«. Vielleicht würde ja doch alles wieder gut werden."[171]

Fritz Theilen

Fritz Theilen war von 25. Oktober 1943 bis 4. November 1943 von der Kölner Gestapo in Brauweiler in Haft gehalten worden.[172] „Nach etwa einer halben Stunde erreichten wir Brauweiler, wo damals ein Gefängnis der Gestapo war. Fink und Manthey bauten sich vor uns auf: »Hier seid ihr im Lager der Edelweißpiraten. Ihr habt jetzt sehr viel Zeit zum Nachdenken!« Auf dem Weg zur Aufnahme schaute ich mich um. »Oh, das ist aber ein schönes Lager hier, es sind nur zu viele Gitter an den Fenstern!«, sagte ich halblaut vor mich hin. Kaum hatte ich das gesagt, verpasste mir einer der Bewacher kommentarlos einen Schlag ins Gesicht. Ich fiel hin, wurde von ihm wieder hochgezerrt und mit einem Fußtritt in die Reihe zurückbefördert. So bekam ich gleich den richtigen Vorgeschmack auf das, was uns allen hier noch bevorstehen sollte.[173] [...] Das Ausleeren der Toiletteneimer war das reinste Spießrutenlaufen. Wenn die Tür aufgerissen wurde, schrie der Kalfaktor mit sächsischem Dialekt: »Kübeln, kübeln!« Dann musste sich einer von uns den Eimer schnappen und im Schweinsgalopp aus der Zelle über einen langen Gang zur Toilette rennen. In der Tür standen einige der Bewacher und machten sich einen Spaß daraus, uns ein Bein zu stellen, und wenn wir dann noch nicht hinflogen, flogen wir bestimmt in dem Toilettenraum auf die Schnauze, denn die Bewacher hatten den Boden unter Wasser gesetzt, wobei uns natürlich die Eimer umkippten, und einer nach dem anderen in der Scheiße lag. Sofort kam ein Bewacher an und schrie: »Du alte Sau, mach das weg, oder willst du uns alle vergiften?« Unter Hohngelächter mussten wir uns hinhocken und den Boden mit einem Lappen aufwischen. Dabei kamen immer wieder andere Jungen reingestolpert, denen das Gleiche passierte, sodass mancher ungewollt den Eimer mit dem gerade Aufgewischten noch einmal umkippte. Das war fast die schlimmste Erniedrigung, die ich in meinem Leben erfahren habe."[174]

171 Jülich, Kohldampf, Knast un Kamelle, S. 90-92.
172 Vgl. Daners/Wißkirchen, Was in Brauweiler geschah, S. 81.
173 Theilen, Edelweißpiraten, S. 53.
174 Ebd., S. 56-57.

5.4 Gestapokommando Kütter

Nach der Ermordung des NSDAP-Ortsgruppenleiters Heinrich Soentgen aus Köln-Braunsfeld am Abend des 28. September 1944 wurde ein Sonderkommando unter der Leitung des Gestapokommissars Ferdinand Kütter zur Klärung der Ehrenfelder Vorfälle eingesetzt. Es hatte seinen Standort in der Arbeitsanstalt Brauweiler. Zu ihm zählten:

- Kriminalkommissar Ferdinand Kütter
- Kriminalsekretär Josef Hoegen
- Kriminaloberassistent Horst Gegusch
- Kriminalassistent Josef Schiffer
- Kriminalassistentenanwärter Nikolaus Schmillen
- Dolmetscher: Walter Haag und Hedwig Hahne
- Kraftfahrer: Josef Roggendorf, Erich Gansäuer, Klaus Adams
- Schreibkräfte: Frau Wefer und Frau Vincken[175]

Ferdinand Kütter

geboren am 13.10.1890 in Köln-Deutz, arbeitete schon während der Weimarer Demokratie bei der politischen Polizei. Während des Dritten Reichs wurde Kütter einer der willfährigsten Werkzeuge des Regimes. Zunächst verfolgte er Angehörige der Linksopposition und leitete ab Mitte der 1930er Jahre das Referat „Marxismus-Leninismus." Während des Zweiten Weltkrieges wurde er Leiter des „Fremdarbeiterreferats." Seine brutalen Verhörmethoden beflügelten seine Laufbahn, sodass er ohne die erforderlichen Ausbildungsvoraussetzungen zum Kommissar befördert wurde. Das von ihm in der Zeit von September 1944 bis Februar 1945 geleitete Gestapokommando in Brauweiler tat sich durch besondere Grausamkeit hervor. Am 15. Februar 1945 floh er vor der nahenden Front nach Nümbrecht-Niederbreunfeld im rechtsrheinischen Oberbergischen Kreis, wo er noch bis zum 11. März 1945 von Walter Hirschfeld den abschließenden Ermittlungsbericht zum „Ehrenfelder Fall" (Steinbrück-Gruppe) fertigen ließ und abzeichnete. Dem Zugriff der vorrückenden amerikanischen Truppen entzog er sich durch Selbstmord am 12. April 1945 in Thier bei Wipperfürth.[176]

175 Vgl. Daners/Wißkirchen, Was in Brauweiler geschah, S. 96.
176 Ebd., S. 97.

Josef Hoegen
geboren am 18.11.1898 in Troisdorf, zählte zu den hörigsten Mitarbeitern Kütters: „ein Sadist schlimmster Sorte und grausamer Schläger" (Aussage von Wilhelm Deuer, Volksfrontkomitee Freies Deutschland). Bei seinen Misshandlungen benutzte er in der Regel als Schlagwerkzeug ein Stuhlbein, das zynisch „Glocke vom Rhein" genannt wurde. Hoegen arbeitete seit 1922 bei der Kölner Kripo und später bei der Gestapo. 1941/42 wurde er wegen eines Wirtschaftsvergehens zu einer sechsmonatigen Gefängnisstrafe verurteilt und im Anschluss daran aus der NSDAP ausgeschlossen. Nach seiner „Bewährung" bei der Einsatztruppe B in Smolensk wurde Hoegen 1943 wieder in die Kölner Gestapo übernommen.[177]

Walter Hirschfeld
geboren am 31.01.1910, arbeitete zunächst als Verkäufer in verschiedenen Musikalienhandlungen. Nach einer Zeit der Arbeitslosigkeit in Folge der Weltwirtschaftskrise kam er 1934 zur Kölner Kripo und 1937 zur Gestapostelle Aachen, wo er - unterbrochen durch eine Militärdienstzeit - bis zur Auflösung der Gestapodienststelle Aachen im Jahre 1942 blieb. Danach wurde er zur Abteilung „Auslandsarbeiter" der Kölner Gestapo versetzt und dem Kommando Kütter zugeordnet. Hirschfeld erschoss bei einer Festnahmeaktion am 8. Oktober 1944 den 16jährigen Hans-Josef Balzer, als dieser aus seinem Kellerversteck kroch. Am 22. November tötete er mit vier Schüssen den unter einem Haftkoller leidenden Fritz Krämer in dessen Zelle; am 14. Februar 1945 erschoss er die Zwangsarbeiterin Nina Sawina nahe der Kiesgrube der Arbeitsanstalt. Am nächsten Tag floh er mit Kütter vor den herannahenden amerikanischen Truppen ins Oberbergische und stellte noch bis zum 11. März 1945 den abschließenden Ermittlungsbericht zur Ehrenfelder Steinbrück-Gruppe zusammen.[178]

Josef Schiffer
geboren am 17.03.1910 in Eschweiler, wurde 1940 als Kraftfahrer bei der Gestapo Aachen dienstverpflichtet und Anfang 1942 in den Polizeidienst übernommen. Seit Sommer 1942 arbeitete er bei der Gestapo Köln und wurde im Frühjahr 1944 dem Kommando Bethke unterstellt. Bei Verhören gegen Mitglieder der „Action Catholique" tat er sich durch besondere Brutalität hervor. Seit Herbst 1944 war er Mitglied des Kommandos Kütter und erwies sich auch dort als brutaler Schläger.[179]

177 Daners/Wißkirchen, Was in Brauweiler geschah, 97.
178 Ebd., S. 97-98.
179 Ebd., S. 98.

5.5 Die Opfer

In der Dokumentation „Was in Brauweiler geschah" heißt es über die Opfer des Gestapokommandos Kütter und die Vorgehensweise der Beamten im Zellenbau: Zwei Ostarbeiterinnen wurden am Abend des 14. Februar 1945 in einer Nacht- und-Nebel-Aktion an der Donatusstraße auf der Höhe einer ehemaligen Kiesgrube von Brauweiler Gestapobeamten erschossen. In der Kiesgrube selbst war bereits im November 1944 der russische Fremdarbeiter Iwan Trofinow nach unvorstellbaren Misshandlungen durch Genickschuss ermordet worden; er wurde „beseitigt", weil man den Verwesungsgestank in seiner Zelle nicht mehr ertragen konnte, der von ihm infolge nicht behandelter eitriger Verletzungen ausging, die durch schwere Stuhlbein-Schläge beim Verhör verursacht worden waren. Auf dem Brauweiler Friedhof wurden die drei Exekutionsopfer verscharrt, neben Angehörigen des Kölner „Volksfrontkomitees Freies Deutschland", die in Brauweiler zu Tode gequält wurden: Wilhelm Tollmann, Engelbert Brinker und Otto Richter. Schlichte Grabplatten tragen heute ihre Namen. Weitere Opfer der Brauweiler Gestapo, teils Deutsche, teils Sowjetrussen, sind hier beigesetzt.[180] Gustl Butt selbst in Brauweiler inhaftiert, erzählt, dass die Gestapobeamten während der Verhöre nicht ins Gesicht schlugen. Die Häftlinge mussten sich über einen Bock legen und wurden mit Hartgummischläuchen oder Stuhlbeinen malträtiert. Im Flur vor den Vernehmungszimmern waren Blutlachen zu sehen, da den Häftlingen anschließend das Blut an den Beinen unter den Hosenbeinen hinunter lief.[181]

Am 25. Oktober 1944 wurden in Köln-Ehrenfeld elf Zwangsarbeiter ohne Gerichtsverfahren und rechtskräftiges Urteil öffentlich erhängt, darunter:

- Wassilij Roman-Car, kroatischer Fremdarbeiter *1922
- Iwan Orichowski, Ostarbeiter *1923
- Iwan Komaschko, Ostarbeiter *1924
- Bronislaw Dobanowski, Ostarbeiter *1924
- Wolodemar Kazemba, Ostarbeiter *1925
- Iwan Wolowski, Ostarbeiter *1923

Die Namen der fünf anderen ausländischen Opfer lassen sich nicht rekonstruieren.[182]

180 Daners/Wißkirchen, Was in Brauweiler geschah, S. 12.
181 Nachforschungen über die Edelweißpiraten. Interview mit Gustl Butt.
182 Vgl. Daners/Wißkirchen, Was in Brauweiler geschah, S. 136.

Etwa vierzehn Tage später am 10. November 1944 wurden an gleicher Stelle am Köln-Ehrenfelder Bahndamm an der Ecke Hüttenstraße/Schönsteinstraße dreizehn Reichsdeutsche hingerichtet. Unter ihnen waren sechs Jungen im Alter zwischen 16 und 18 Jahren, die den Edelweißpiraten zuzuordnen sind. Die Namen dieser Jugendlichen sind im folgenden Abschnitt dick hervorgehoben worden:

- Hans Steinbrück, Seemann *1921
- Peter Hüppeler, Former *1913
- Roland Lorent, Maschinenschreiner *1920
- Josef Moll, Kraftfahrer *1903
- **Johann Müller**, Lehrling *1928
- **Bartholomäus Schink**, Lehrling *1927
- **Franz Rheinberger**, Arbeiter *1927
- Wilhelm Kratz, Kraftfahrer *1902
- **Gustav Bermel**, Lehrling *1927
- Johann Krausen, Spediteur *1887
- **Adolf Schütz**, Arbeitsjunge *1926
- Heinrich Kratina, Schneider *1906
- **Günter Schwarz**, Lehrling *1928[183]

5.6 Exkurs: Konrad Adenauer

Zu den prominenten Häftlingen der Arbeitsanstalt Brauweiler zählte der ehemalige Oberbürgermeister von Köln und spätere Bundeskanzler Konrad Adenauer und seine Ehefrau Auguste, genannt Gussie. Nach dem gescheiterten Attentat auf Adolf Hitler vom 20. Juli 1944 wurde der ehemalige Zentrumspolitiker Adenauer im Rahmen der „Aktion Gewitter" (auch „Aktion Gitter" genannt) am 23. August 1944 verhaftet und in das Messelager in Köln-Deutz gebracht.[184] Von 1942-1945 befand sich auf diesem Gelände ein Außenlager des Konzentrationslagers Buchenwald, die III. SS-Baubrigade.[185] Einer geplanten Deportation in das KZ Buchenwald kam Adenauer zuvor, indem er einen Herzanfall vortäuschte und in das Krankenhaus in Köln-Hohenlind eingewiesen wurde.[186] Von dort gelang ihm mit Hilfe von Fritz Schliebusch, Major der Luftwaffe, die

183 Vgl. Daners/Wißkirchen, Was in Brauweiler geschah, S. 137.
184 Ebd., S. 93.
185 Vgl. Huiskes, Die Wandinschriften des Kölner Gestapo-Gefängnisses, S. 12.
186 Vgl. Peter Koch: Konrad Adenauer. Eine politische Biographie. Reinbek bei Hamburg, S. 119-120.

Flucht und er konnte in der abgelegen Nistermühle, einem Gehöft bei Hachenburg im Westerwald, untertauchen.[187] Beamte der Geheimen Staatspolizei nahmen daraufhin Adenauers Ehefrau Auguste in Rhöndorf fest und brachten sie in die Gestapozentrale nach Köln. Nachdem sie den Aufenthalt ihres Mannes preisgegeben hatte - gedroht wurde mit der Verhaftung der beiden heranwachsenden Töchter - brachte man Auguste Adenauer am 24. September 1944 nach Brauweiler und hielt sie dort in einer Gemeinschaftszelle zusammen mit Prostituierten fest. Sie überlebte einen Selbstmordversuch und wurde am 3. Oktober 1944 freigelassen. Auguste Adenauer starb 1948 an den Spätfolgen jenes, während ihrer Inhaftierung unternommenen Selbstmordversuchs.[188] Konrad Adenauer folgte seiner Frau am 25. September 1944 nach Brauweiler. Aufgrund erfolgreicher Bemühungen seines Sohnes Max in Berlin, konnte Adenauer am 26. November 1944 die Zelle Nr. 57 endgültig verlassen.[189]

Details über seinen Aufenthalt in der Strafanstalt Brauweiler schilderte Konrad Adenauer in einem Informationsgespräch mit Serge Groussard am 23. Juni 1958: „In dem Gestapogefängnis, in dem ich war, waren zu der Zeit 67 Leute. Davon sind 27 aufgehängt worden, und einer wurde erschossen, alles Deutsche; das war immerhin ein großer Prozentsatz. Es wurden sogar Kinder von 16 Jahren aufgehängt. Sie mußten aber, ehe sie aufgehängt wurden, ihre Hitlerjacken ausziehen; das habe ich selbst gesehen. [...] meine Zelle lag gerade über dem Raum, in dem Menschen gemartert wurden. Das war ein Betonbau, und ich konnte alles hören und habe manche Nacht schweißbedeckt auf meinem Strohsack gelegen wegen der geistigen Qualen, die ich da mitmachen mußte, wenn ich das alles hörte."[190] Über Misshandlungen von Häftlingen in Brauweiler, so auch von Mitgliedern der Gruppe Steinbrück, berichtete Adenauer in einer Zeugenaussage im Jahr 1948: „Etwa eine Woche nach meiner Einlieferung (25.09.1944) wurde ich in eine Zelle verlegt, die über dem im Erdgeschoss gelegenen Vernehmungszimmer des Kommissariats **Kütter** lag [...]. Der Bau war ein Betonbau, der Geräusche gut leitete. Ich musste daher in meiner Zelle Ohrenzeuge grauenvoller Misshandlungen werden [...]. Gelegentlich meines täglichen Ausgangs machte ich die Beobachtung, dass vor dem Vernehmungszimmer im Erdgeschoss eine Bettstelle mit einer alten Matratze aufgeschlagen war. Die Matratze war blutgetränkt. Ich habe mich bei Aufsehern der Anstalt [...] erkundigt und wurde dahin unterrichtet, die Stapo werfe ihre während der Verneh-

187 Vgl. Koch, Konrad Adenauer, S. 120-121.
188 Vgl. Daners/Wißkirchen, Was in Brauweiler geschah., S. 94.
189 Ebd.
190 Rudolf Morsey/Hans-Peter Schwarz (Hg.): Adenauer im Dritten Reich. Berlin 1991, S.423.

mung ohnmächtig geschlagenen Opfer auf das Bett, bis sie wieder zu sich kämen, um sich der Mühe des Transports zu den Zellen zu entziehen."[191] Im Gegensatz zu den jugendlichen, zum gleichen Zeitpunkt in Brauweiler inhaftierten Edelweißpiraten, gehörten Adenauer wie auch seine Frau zu den privilegierten Häftlingen, die bevorzugt behandelt wurden. So hatte Konrad Adenauer dreimal täglich Ausgang im Hof.[192]

191 Daners/Wißkirchen, Was in Brauweiler geschah, S. 106.
192 Vgl. Jülich, Kohldampf, Knast un Kamelle, S. 82.

6 Der Köln-Ehrenfelder Komplex (1944)

Leben im Untergrund

Eine vollständige Abhandlung über Kölner Edelweißpiraten kann nicht verfasst werden, ohne den so genannten „Ehrenfelder Komplex“ um sechs Jugendliche und die Gruppe Steinbrück unberücksichtigt zu lassen. Vor dem Hintergrund der Endkriegsphase sollen an dieser Stelle die zentralen historischen Fakten zusammentragen werden. Mit dem ersten „1.000-Bomber-Angriff“ der englischen Luftwaffe in der Nacht vom 30. auf den 31. Mai 1942 hatte der Luftkrieg über Köln eine neue Dimension angenommen. Nach offiziellen Angaben wurden in jener Nacht 500 Menschen getötet und mehr als 5.000 verletzt, wobei die tatsächlichen Zahlen vermutlich noch weitaus höher liegen. Mit der gezielten Zerstörung von Wohnvierteln sollte die Widerstandskraft des deutschen Volkes gebrochen werden. Nach dem Angriff wurden rund 12.800 beschädigte Häuser gezählt, mehr als 13.000 Wohnungen waren total und etwa 6.400 schwer zerstört. Knapp 23.000 Wohnungen wiesen leichte Schäden auf.[193] Seit dieser Nacht war die Rheinmetropole Frontstadt.[194] Im Herbst 1944, mehr als zwei Jahre und zahlreiche verheerende Luftangriffe später, lässt sich Köln als eine entvölkerte Stadt charakterisieren, deren öffentliche Ordnung schlichtweg zusammengebrochen war. Bei Kriegsausbruch zählte Köln ca. 768.000 Einwohner, im März 1945 waren es nur noch geschätzte 40.000 links- und 62.000 rechtsrheinisch.[195] Die zweite Jahreshälfte 1944 wies zudem die dichteste Bebombungsfrequenz auf.[196] Zu diesem Zeitpunkt glich die Kölner Innenstadt einer Trümmerwüste. In den Ruinen der zerstörten Stadt hatte sich eine Parallelgesellschaft gebildet. Neben Deserteuren - Ende 1944 waren es rund 3.000 bis 4.000 Personen - hielten sich dort geflohene Kriegsgefangene und Zwangsarbeiter, Kleinkriminelle, sowie zahlreiche Jugendliche versteckt.[197] Zu jenen Untergetauchten, die sich in Gruppen zusammenfanden, zählten auch ein NSDAP-Zellenleiter, ein SD-Mann (Sicherheitsdienst) und ein Truppführer der Kölner Feuerwehr.[198] Der alltägliche Kampf ums Überleben hatte oberste Priorität, bei einer möglichen Ergreifung war ihnen allen der Tod sicher. Demnach spielte die Beschaffung

---

193 Siehe http://www.museenkoeln.de/ausstellungen/nsd_0404_edelweiss/db_index.html.

194 Vgl. Bernd-A. Rusinek: „Wat denkste, wat mir objerümt han.“ Massenmord und Spurenbeseitigung am Beispiel der Staatspolizeistelle Köln 1944/45. In: Die Gestapo - Mythos und Realität, hg. von Gerhard Paul/Klaus-Michael Mallmann. Darmstadt 1995, S. 406.

195 Ebd., S. 407.

196 Ebd., S. 406.

197 Vgl. Martin Rüther: Köln im Zweiten Weltkrieg. Alltag und Erfahrungen zwischen 1939 und 1945. Darstellungen - Bilder - Quellen. Köln 2005, S. 425.

198 Vgl. Rusinek, „Wat denkste, wat mir objerümt han“, S. 410.

von Lebensmitteln und Waffen eine zentrale Rolle.[199] Der Schwarzmarkt stand in nie gekannter Blüte und Überfälle auf Lebensmittelgeschäfte waren an der Tagesordnung, denn aufgrund der streng rationierten Lebensmittelmarken war es auf legalem Weg unmöglich an Nahrungsmittel zu gelangen.[200] Als besonders spektakulär galt der Einbruch in ein Butterlager am 1. September 1944, bei dem 26 Zentner Butter erbeutet wurden; auf dem Schwarzmarkt erzielte man dafür einen Erlös von 123.000 RM, was heute etwa einem Coup in Millionenhöhe (Euro) entsprechen würde.[201]

Immerhin soll es nach Erkenntnissen von Gestapo und Kriminalpolizei im Herbst und Winter 1944 wenigstens 20 „Banden" mit einer zwischen drei und 20 Personen schwankenden Mitgliederzahl gegeben haben, womit die Stadt zwischen September und Dezember 1944 wohl das westdeutsche Zentrum des „Bandenunwesens" darstellte. Und deren Mitglieder waren alles andere als zurückhaltend. Sie sollen in diesem Zeitraum 29 bekannt gewordene Morde begangen haben, denen nach Angaben der Gestapo neben fünf NS-Funktionären, sechs Polizisten, je einem SA-Mann und Hitlerjungen und fünf Wehrmachtsangehörigen auch elf Zivilisten zum Opfer fielen.[202] Der Schweizer Konsul von Weiss berichtete im Herbst 1944: „Es sei einfach unmöglich, sich abends auf die Straße zu begeben, denn die Überfälle auf Passanten, Frauen usw., die zum Bunker gehen oder von demselben kommen, mehren sich täglich."[203] Im Kampf gegen die „Banden", aber auch gegen verbliebene jugendliche Edelweißpiraten, wurden so genannte „Kommandos" eingesetzt, die in den einzelnen Stadtteilen den jeweiligen NSDAP-Ortsgruppenleitern unterstellt waren und von der HJ, der SA oder dem Luftschutzbund unterstützt wurden. Als besonders brutal und gefürchtet galt dabei das Kommando der Ortsgruppe „Justus Liebig" unter der Leitung des Ortsgruppenleiters Soentgen in Köln-Ehrenfeld.[204] Aufgrund der Ermordung jenes Heinrich Soentgens am Abend des 28. September 1944 durch den Deserteur Roland Lorent, richtete sich der Ermittlungsfokus der Gestapo verstärkt gegen Personen und Gruppen, die sich illegal in den Ruinen von Ehrenfeld - im Volksmund längst „Räuberfeld" genannt - aufhielten. Am folgenden Tag wurde ein „Sonderkommando" unter der Leitung des berüchtigten Gestapokommissars Ferdinand Kütter eingerichtet, der mit der Klärung der Ehrenfelder

199 Vgl. Rusinek, „Wat denkste, wat mir objerümt han", S. 410.
200 Vgl. Rüther, Köln im Zweiten Weltkrieg, S. 426.
201 Daners/Wißkirchen, Was in Brauweiler geschah, S. 106.
202 Rüther, Köln im Zweiten Weltkrieg, S. 427-428.
203 Ebd., S. 430.
204 Vgl. Theilen, Edelweißpiraten, S. 77.

Vorgänge bedacht worden war.[205] Eine Verhaftungswelle, die bis weit in den Oktober andauerte, führte dazu, dass allein in Ehrenfeld 128 Personen verhaftet wurden. 110 von ihnen, Reichsdeutsche wie auch ausländische Zwangsarbeiter wurden wegen „hochverräterischer und terroristischer Umtriebe“ in das Gestapo-Gefängnis nach Brauweiler überstellt.[206]

Während exponierte Gestapobeamte, wie etwa Ferdinand Kütter, kurz vor Kriegsende beabsichtigten „noch Einige mit hinübernehmen“ zu wollen, bevor man selbst sterbe, versuchten die „Illegalen“ ihr Leben unter Einsatz von Waffengewalt vehement zu verteidigen, denn sie hatten nichts mehr zu verlieren.[207] Die Auseinandersetzung zwischen Gestapo und den „illegalen Banden“ mündeten in der zweiten Jahreshälfte 1944 innerhalb Kölns in einen kriegsähnlichen Zustand. Nach stundenlangen Gefechten wurde beispielsweise bei der Aushebung einer „Bande“ am 10. Dezember 1944 ein Pioniersprengtrupp der Wehrmacht angefordert, um den gesamten Unterschlupf in die Luft zu jagen. Alle Mitglieder kamen ums Leben.[208] Hieran wird deutlich, dass beide Seiten den eigenen Untergang vor Augen hatten. Die Gestapomänner waren sich durchaus ihrer sicheren Liquidierung bei Kriegsende bewusst. Die Untergetauchten hingegen sehnten jenen Tag der Rache herbei und für sie galt es - insbesondere seit der Invasion am 6. Juni 1944 an der Küste der Normandie - bis zum Eintreffen der alliierten Truppen in Köln durchzuhalten. Tragischerweise konnte der schnelle Vormarsch der Alliierten - bereits am 21. Oktober 1944 wurde das nur 60km von Köln entfernt liegende Aachen befreit - auf Höhe des Westwalls vorübergehend gestoppt werden. In den nun folgenden Monaten holte die Gestapo zu einem letzten blutigen Gegenschlag aus.[209] Ein Zeitzeuge berichtete, dass ein regelrechter „Pendelverkehr“ von LKWs zu beobachten war, der die zu ermordenden Personen, in erster Linie Ostarbeiter und Ostarbeiterinnen, zum Kölner EL-DE-Haus brachten, und solchen, die bereits ermordete Menschen wieder abholten.[210]

Am Vormittag des 25. Oktober 1944 wurde an der Ecke Hüttenstraße/Schönsteinstraße am Köln-Ehrenfelder Bahndamm von einem Kommando der Organisation Todt (OT) ein Galgen errichtet. Das Gerüst bestand aus vier Stützpfosten, einem oben aufliegenden Querbalken, an dem die Henkerstricke

205 Vgl. Rüther, Köln im Zweiten Weltkrieg, S. 430.
206 Ebd.
207 Vgl. Rusinek, „Wat denkste, wat mir objerümt han“, S. 404.
208 Ebd., S. 409-410.
209 Ebd., S. 407.
210 Vgl. Rusinek, Gesellschaft in der Katastrophe, S. 13.

angebracht waren, und einem niedrigen Querbalken, auf dem die Delinquenten unmittelbar vor ihrem Tod zu stehen hatten. Das Galgengerüst blieb dort bis zum 10. November 1944 stehen. An beiden Tagen wurden vor den Augen der Öffentlichkeit „Sonderbehandlungen“ durch die Gestapo durchgeführt.[211] Das Erhängen galt als besonders entehrende Form der Todesstrafe, die für die „Sonderbehandlung“ von „Straftätern“ durch die Gestapo vorgesehen war.[212] Unmittelbar vor Kriegsende erwies sich das Erhängen der zahlreichen Menschen jedoch als zu zeitraubend und Massenerschießungen wurden die Regel. Ein Zeuge berichtete, es habe damals geheißen, einige der Opfer seien mit Spatenhieben ermordet worden.[213] Die Kölner Gestapo versprach sich von den öffentlichen Liquidierungen dreierlei: Potentielle Täter sollten eingeschüchtert, die von den „Terrorbanden“ Bedrohten beruhigt und allen Seiten sollte bewiesen werden, dass die Gestapo noch Herr der Lage war.[214]

6.1 Hans Steinbrück

Zu jenen in Ehrenfeld illegal lebenden Personen gehörte auch der 23jährige Hans Steinbrück (* 1921), der in Goslar am Harz geboren wurde, jedoch aufgrund seiner früh verstorbenen Eltern im Waisenhaus Osterburg im Bezirk Magdeburg aufgewachsen war.[215] Als ehemaliger Seemann, der bis nach Afrika gelangt war, imponierte er den abenteuerlustigen und freiheitsliebenden Jugendlichen in seinem Umfeld sehr.[216] Jean Jülich bezeichnete ihn als „schillernde Persönlichkeit“, dessen Anweisungen wesentlich lieber Folge geleistet wurde als den Befehlen der HJ-Führer, die als Gymnasiasten den Arbeiterkindern vorgesetzt worden waren.[217] 1942, nach einer gescheiterten Bewerbung bei der Düsseldorfer Gestapo - Steinbrück war zuvor als Arbeiter im Düsseldorfer Hafen tätig gewesen -, wurde er wegen Amtsanmaßung festgenommen, zunächst in das hiesige Polizeigefängnis und anschließend in das Konzentrationslager Buchenwald gebracht. Sein Vergehen bestand darin, dass er sich auf der Suche nach einer Wohnung der Vermieterin gegenüber fälschlicherweise als Gestapobeamter ausgegeben hatte. Von Buchenwald aus, gelangte Steinbrück als Mitglied der neu aufgestellten SS-Baubrigade III in das Messelager nach Köln-Deutz, einem Außenlager des KZ Buchenwald. Dort meldete er sich freiwillig zum Bomben-

211 Vgl. Rusinek, Gesellschaft in der Katastrophe, S. 367.
212 Daners/Wißkirchen, Was in Brauweiler geschah, S. 109.
213 Rusinek, „Wat denkste, wat mir objerümt han“, S. 411.
214 Rusinek, Gesellschaft in der Katastrophe, S. 367.
215 Ebd., S. 123.
216 Ebd., S. 124.
217 Interview mit Jean Jülich am 29.01.2010.

räumkommando. Die höchst gefährliche, aber dennoch erfolgreiche Entschärfung von rund 900 Blindgängern, brachte Steinbrück den Spitznamen **Bombenhans** ein. Im Sommer 1943 lernte er bei einer Blindgängerräumung in der Ehrenfelder Schönsteinstraße Cäcilie Serve (* 1919), genannt Cilly, seine spätere Lebensgefährtin, kennen. Nach der Flucht aus dem Lager Köln-Deutz am 16. Oktober 1943 lebte Steinbrück mit ihr, deren zwei Kindern und dem gemeinsamen Neugeborenen (* 1944) im Haus der Schönsteinstraße 7 in Köln-Ehrenfeld.[218]

Persönlichkeit, wie Charakter, von Hans Steinbrück müssen als ambivalent bezeichnet werden. Zum einen versteckte er nachweislich Juden - drei „Voll-" und zwei „Halbjuden" - in seinem Ehrenfelder Unterschlupf und schützte sie so vor der Deportation in ein Vernichtungslager.[219] Außerdem plante er, mit Hilfe eines Brückensprenggeräts, einen Anschlag auf die Kölner Gestapozentrale, das EL-DE-Haus, zu verüben. Dieses Vorhaben konnte jedoch rechtzeitig vereitelt werden.[220] Steinbrück hatte sich hingegen auch, wie bereits zuvor erwähnt, erfolglos um eine Anstellung bei der Düsseldorfer Gestapo bemüht. Folglich kann er 1942 dem NS-Regime noch nicht ablehnend gegenübergestanden haben. Womöglich hatten sich Abneigung und Hass erst mit seiner Einweisung in das KZ Buchenwald entwickelt. Man könnte ihm jedoch auch unterstellen, dass die Absage der Gestapo ihn dazu veranlasste der NSDAP und deren Funktionsträgern den Rücken zuzuwenden. Nach seiner Flucht aus dem Messelager in Köln-Deutz, scheute er die Zusammenarbeit mit bereits vor dem Krieg straffällig gewordenen Kriminellen nicht. Die gemeinsam erbeuteten Lebensmittel wurden zum Teil auf dem Schwarzmarkt verkauft und mit deren Erlös Waffen beschafft.[221] In den noch erhalten gebliebenen Kellerräumen der Häuser Schönsteinstraße 7 bis 15 hatte Steinbrück ein Lebensmittel- und Waffenlager eingerichtet.[222] Aus heutiger Perspektive ist es nicht einfach ein objektives Urteil zu fällen, denn in den letzten Kriegsmonaten dominierte der unbedingte Überlebenswille das alltägliche Handeln. Daher können Maßstäbe, die ein solches Handeln gegenwärtig als gesetzeswidrig oder illegitim bezeichnen würden, auf die Situation im Herbst 1944 nicht angewendet werden. Dass Einbrüche im großen Stil, die allgemeine städtische Nahrungsmittelversorgung zunehmend verschlechterten, müssen die Beteiligten wissentlich hingenommen haben. Neben jener kriminellen Energie, lässt sich auch ein gewisses Aggressionspotential nachweisen, dass sich beispielswei-

218 Vgl. Rüther, Köln im Zweiten Weltkrieg, S. 431.
219 Interview mit Jean Jülich am 29.01.2010.
220 Vgl. Jung/Neumann, Gegen den braunen Strom, S. 104.
221 Vgl. Rüther, Köln im Zweiten Weltkrieg, S. 432.
222 Ebd., S. 431.

se in sinnlosen Schießereien entlud, infolgedessen nicht nur NS-Funktionäre getötet wurden, sondern auch unbeteiligte Zivilisten als Opfer zu beklagen waren. Dass Hans Steinbrück von seinem Widerwillen gegen das Dritte Reich und dessen Funktionsträger getrieben war, ist nicht von der Hand zu weisen, doch als ein klassischer Widerstandskämpfer mit politischer Programmatik kann er nicht bezeichnet werden. Ihm, wie auch anderen Erwachsenen ist der schwerwiegende Vorwurf zu machen, dass sie sich arglosen Jugendlichen - außerhalb der HJ - bedienten, die deren Draufgängertum und Tollkühnheit bewunderten und bereitwillig an Aktionen gegen die verhassten „Nazis“ teilnahmen. So soll Steinbrück beispielsweise die Jugendlichen unablässig aufgefordert haben, ihm Pistolen, Karabiner, Munition oder Sprengstoff zu besorgen, die er dann bezahlte. Die Jungen wiederum ließen sich so in einen Strudel aus Gewalt und Kriminalität mitreißen, aus dem es kein Entrinnen mehr geben sollte.[223] Der Historiker Martin Rüther fasst die Thematik folgendermaßen zusammen: „Die jugendlichen Hinrichtungsopfer waren »Strandgut« eines Krieges, den sie nicht zu verantworten hatten. Und dass Kinder und Jugendliche solchen Extremsituationen am hilflosesten ausgeliefert sind und gar nicht gewachsen sein können, war und bleibt die traurige Realität jeden Krieges.“[224]

Im gleichen Haus in der Schönsteinstraße 7 wohnte neben Hans Steinbrück, Cilly Serve und den Kindern, ein gewisser Franz Spitzeley mit seinen beiden Töchtern und den Enkeln Wolfgang und Günter Schwarz.[225] Die Brüder waren „Halb-“ bzw. „Geltungsjuden“ und die Tante, eine kommunistische Funktionärin, wie auch der Vater zeitweise in Konzentrationslagern inhaftiert.[226] Insbesondere Günter, der jüngere der beiden, bewunderte den ehemaligen Seemann und Weltenbummler Steinbrück sehr, der gemeinsam mit ihm und den anderen Jungen aus der Nachbarschaft Karten und Völkerball spielte. Durch einen Luftangriff am 21. April 1944 wurde das gemeinsame Wohnhaus zerstört. Während Steinbrück im Hinterhof der Schönsteinstraße 7 eine kleine Behelfswohnung errichten konnte, mussten Wolfgang und Günter Schwarz innerhalb Ehrenfelds umziehen. Die Kontakte zu Hans Steinbrück blieben jedoch bestehen und intensivierten sich in den folgenden Wochen und Monaten sogar.[227] Steinbrück war mittlerweile auf einer Baustelle als Schwarzarbeiter tätig. Dort lernte er die ebenfalls illegal beschäftigten Franz Rheinberger und Peter Hüppeler kennen. Der

223 Vgl. Rüther, Köln im Zweiten Weltkrieg, S. 437.
224 Ebd., S. 438.
225 Ebd., S. 431.
226 Vgl. Matthias von Hellfeld: Edelweißpiraten in Köln. Jugendrebellion gegen das 3. Reich. Köln 1981, S. 13.
227 Vgl. Rüther, Köln im Zweiten Weltkrieg, S. 431.

Kern der späteren „Terrorbande“ hatte sich gefunden. Das Umfeld der Gruppe erweiterte sich schnell: Franz Rheinberger war mit Bartholomäus Schink befreundet. Dieser brachte wiederum seinen Schulfreund Gustav Bermel mit.[228] Hinzu kamen die Köln-Sülzer Edelweißpiraten Ferdinand Steingaß und Jean Jülich, sowie Johann Müller, der, in einem kommunistisch gesinnten Elternhaus aufgewachsen, den Edelweißpiraten aus Köln-Ehrenfeld angehörte.[229] Doch auch Erwachsene stießen in den Umkreis von Hans Steinbrück. So etwa Josef Moll, ein seit 1927 insgesamt 13 Mal vorbestrafter Kleinkrimineller, der gemeinsam mit Hüppeler und Steinbrück auf dem Schwarzmarkt als Hehler tätig war und dort Waren verkaufte, die die Jugendlichen zuvor gestohlen hatten. Moll wiederum war mit Adolf Schütz bekannt.[230] Dieser hatte seinen Fronturlaub zur Desertation genutzt und kam gemeinsam mit Moll bei Hans Steinbrück in der Schönsteinstraße unter. Erst zu einem späteren Zeitpunkt kam Roland Lorent, ebenfalls ein Deserteur und derjenige, der die tödlichen Schüsse auf den Ortsgruppenleiter Soentgen abgegeben hatte, zur Gruppe Steinbrück hinzu.[231] Namentlich erfasst sind auch Heinrich Kratina, Johann Krausen und Wilhelm Kratz, zum Teil ebenfalls einschlägig Vorbestrafte.[232] Insgesamt soll sich das Umfeld der gesamten Gruppe um Hans Steinbrück aus mehr als 120 Personen zusammengesetzt haben.[233] Es handelte sich dabei um ein Konglomerat, das sowohl resistentes und widerständiges Verhalten, wie auch kriminelle Machenschaften und eine hohe Gewaltbereitschaft vereinte.[234]

228 Vgl. Rüther, Köln im Zweiten Weltkrieg,, S. 432
229 Vgl. Von Hellfeld, Edelweißpiraten in Köln, , S. 12.
230 Vgl. Rüther, Köln im Zweiten Weltkrieg, S. 432.
231 Ebd., S. 433.
232 Vgl. Von Hellfeld, Edelweißpiraten in Köln, S. 10.
233 Ebd., S. 9.
234 Vgl. Rüther, Köln im Zweiten Weltkrieg, S. 433.

6.2 Bartholomäus Schink

Nur wenige Quellen geben Auskunft über das kurze Leben von Bartholomäus Schink. Der im Alter von erst 16 Jahren hingerichtete Barthel und seine Freunde wurde in den 1980er Jahren zum zentralen Streitpunkt innerhalb der Kölner Kontroverse. Die Positionen konnten dabei gegensätzlicher nicht sein: Zum einen, wurde Schink als Anführer einer Widerstandsgruppe gefeiert und zur Symbolfigur des Jugendwiderstands deklariert. Zum anderen, als Krimineller diffamiert, „mit dem man keinen Falschen aufgehängt habe.“[235] Beide Standpunkte - soviel kann an dieser Stelle schon festgehalten werden - werden dem Jungen nicht gerecht. Ein Schwerpunkt des Zeitzeugeninterviews mit Jean Jülich, der Bartholomäus Schink persönlich kannte, wird sich daher dessen Leben widmen und möglichen Motivationsquellen nachgehen, die sein unablässiges Eintreten gegen den Nationalsozialismus erklären.

Bartholomäus Schink, genannt Barthel, wurde am 27. November 1927, als drittes von fünf Geschwistern in Köln geboren. Der Vater arbeitete seit 1921 als Schaffner bei der Reichspost, war im September 1943 zur Wehrmacht einberufen worden und seitdem von der Familie getrennt.[236] Er ist keiner politischen Partei zuzuordnen, verbot seinen Kindern jedoch strikt jeglichen Kontakt zu den nationalsozialistischen Verwandten seiner Frau.[237] Die Schwester Karoline Banten geb. Schink erläutert: „Vater hat immer gesagt, die Welt geht in Schutt und Asche, der Hitler ist ein Mörder. Wenn Hitler sprach oder Himmler, dann sprang er an den Apparat »Ihr Mörder«. Die Familie meiner Mutter, die sind alle Nationalsozialisten gewesen. Opa ist sogar Gaumeister in Ehrenfeld gewesen, und da hat Vater und sogar auch Mutter uns verboten, da hinzugehen. [...] Onkel Andreas war Feldwebel (und NSDAP-Mitglied - Matthias von Hellfeld). Er kam Vater besuchen und just in derselben Zeit kommt Onkel Engel, der war ein echter Kommunist. Dann kamen beide zusammen, und da sagte Onkel Andreas: >Willst du mich nicht grüßen, ich bin Feldwebel<, da antwortete Onkel Engel: >Ja, bist Du vielleicht bekloppt?< Die haben sich vielleicht geprügelt.“[238]

Die Familie Schink wohnte in der Keplerstraße 33 in Köln-Ehrenfeld. Nach dem Abschluss der Volksschule, begann Bartholomäus eine Lehre bei dem Dachdeckermeister Vickus in der Dasselstraße. Seit 1933 gehörte er dem Jungvolk an, 1942 wurde er altersbedingt in die Hitlerjugend aufgenommen. Demnach ist er

235 Vgl. Rusinek, Gesellschaft in der Katastrophe, S. 175.
236 Ebd., S. 175.
237 Vgl. Von Hellfeld, Edelweißpiraten in Köln, S. 13.
238 Ebd., S. 13-14.

der HJ-Dienstpflicht nachgekommen, auch während seiner Aktivitäten bei verschiedenen Gruppen der Edelweißpiraten.[239] Wie bei Koch, Jülich und Theilen gab es auch bei Bartholomäus Schink ein prägendes Schlüsselerlebnis in der Kindheit, das ihn vermutlich schon früh Partei gegen den Nationalsozialismus ergreifen ließ. Während der Reichspogromnacht 1938 musste Barthel als zehnjähriger den tätlichen Angriff eines SA-Mannes auf Moritz Spiro, einen befreundeten jüdischen Friseur mit ansehen. Das Friseurgeschäft des jüdischen Inhabers lag in der Köln-Ehrenfelder Sömmeringstraße, die parallel zur Keplerstraße und der dortigen Wohnung der Familie Schink gelegen war.[240] Seine Schwester berichtet: „Als dann die Kristallnacht losging, da ist beim Barthel irgendetwas ausgehakt, denn der Spiro war ja sein Freund. Der Mann ist ja zusammengeschlagen worden, und Barthel hatte das gesehen, er wollte noch zum Spiro und dann kam er rauf und rief: Papa, Papa hilf dem Spiro. Er war sehr enttäuscht und weinte, weil Papa Spiro nicht geholfen hat. Ich weiß noch, wir haben alle dagesessen, es war ganz schlimm. Da kam ein Haß auf, wir konnten einfach nicht mehr »Heil Hitler« sagen."[241] Nur wenige Tage später, am 18. November 1938, erlag Moritz Spiro seinen schweren Kopfverletzungen im Israelitischen Krankenhaus.[242]

6.3 Öffentliche Hinrichtung in Köln-Ehrenfeld

Am Morgen des 10. November 1944 um 6 Uhr wurde die Gruppe um Hans Steinbrück und Bartholomäus Schink aus dem Zellengefängnis der Provinzialarbeitsanstalt Brauweiler entlassen wurde (Dokument 1, siehe Anhang). Auf einem LKW brachte man die Häftlinge aneinander gekettet nach Köln-Ehrenfeld. Als die dreizehn Personen gegen 8 Uhr zum Galgen geführt wurden, blieben sie stumm. Karoline Banten, die Schwester von Bartholomäus Schink, berichtet in einem Interview: Man habe sich später erzählt, dass die Opfer vor der Hinrichtung eine Spritze in den Mund bekommen hätten, sodass die Zungen anschwollen und sie unmittelbar vor ihrer Strangulierung keine Möglichkeit zu sprechen gehabt hätten. Der jüngere Bruder Adi Schink, damals dreizehn Jahre alt, musste in der ersten Reihe die Hinrichtung mit ansehen. Auch er wunderte sich, dass Barthel, der ihn die ganze Zeit mit seinen Blicken verfolgte, kein Wort von sich gab.[243] Ein anderes Gerücht besagt - man habe ihnen Blausäure gespritzt, um die

---

239 Vgl. Rusinek, Gesellschaft in der Katastrophe, S. 175.
240 Ebd., S. 177.
241 Von Hellfeld, Edelweißpiraten in Köln, S. 13.
242 Vgl. Rusinek, Gesellschaft in der Katastrophe, S. 178.
243 Siehe Nachforschungen über die Edelweißpiraten. Interview mit Karoline Banten.

Stimmbänder zu lähmen - was anhand der zur Verfügung stehenden Quellen jedoch nicht bestätigt werden kann.[244] Die Liquidierung wurde auf Befehl des Reichsführers SS und Chef der Deutschen Polizei Heinrich Himmler durchgeführt. Er hatte sich, einem Runderlass vom 1. November 1944 zufolge, die Anordnung von Exekutionen grundsätzlich vorbehalten. Außerdem bedurfte die unüblich öffentliche Durchführung der Hinrichtung seiner Sondergenehmigung.[245] Die Kölner Bevölkerung war erneut durch Plakate auf die Hinrichtung aufmerksam gemacht und aufgerufen worden sich vor Ort zahlreich einzufinden.[246] Der von der Wehrmacht desertierte und sich zu diesem Zeitpunkt illegal in Köln aufhaltende Jakob Zorn, Mitglied des Volksfrontkomitees Freies Deutschland, suchte ebenfalls den Hinrichtungsort auf. In seinem Tagebucheintrag heißt es: „Es war niederdrückend. Viele waren gekommen, um sich das schreckliche Schauspiel in Ehrenfeld anzusehen. Sie haben sich sogar aus Kisten und Brettern Stellagen gebaut, um alles besser mitzubekommen."[247] Dokument 2 (siehe Anhang) zeigt die Mitteilung von der öffentlichen Hinrichtung der Gruppe Steinbrück an das Reichssicherheitshauptamt (RSHA) in Berlin, unterzeichnet vom Leiter der Kölner Gestapo Dr. Max Hoffmann. Man kann es wohl als Ironie der Geschichte bezeichnen, dass der Unterzeichner nur wenige Tage später, am 26. November 1944, bei einem jener Gefechte mit „illegalen Banden" in Köln-Sülz getötet wurde.[248]

Jean Jülich erinnert sich an eine letzte Unterredung mit seinen Freunden Bartholomäus Schink und Franz Rheinberger im Gestapogefängnis in Brauweiler: „Barthel Schink und Bubbes Rheinberger wunderten sich darüber, dass sie keine Handtücher bekommen hatten. Ich hatte aber wie jeden Morgen ein frisches Handtuch erhalten. Darauf meinte Barthel, dass er glaube, sein Fall sei abgeschlossen. Die Vernehmungen hatten abrupt aufgehört. In Brauweiler war eine neue Gruppe eingetroffen, Mitglieder der kommunistischen Widerstandsgruppe NKFD, des Nationalkomitees Freies Deutschland aus Köln-Klettenberg. Jetzt beschäftigte sich die Gestapo mit dessen Mitgliedern und ließ uns in Ruhe. Barthel Schink war der Überzeugung, dass er nach Abschluss des Falles ins KZ gebracht würde und die, die ein Handtuch erhalten hatten, entlassen würden. Tatsächlich wurde am 10. November 1944 ein Teil der Gefangenen im Hof aneinander gekettet und auf einen Lastwagen verfrachtet. Wir in unseren Zellen dach-

244 Vgl. „Widerstand aus der Gosse", Der Spiegel 45/2005, S. 86; Rusinek, Gesellschaft in der Katastrophe, S. 20.
245 Vgl. Daners/Wißkirchen, Was in Brauweiler geschah, S. 108.
246 Vgl. Rüther, Köln im Zweiten Weltkrieg, S. 435.
247 Ebd.
248 Vgl. Daners/Wißkirchen, Was in Brauweiler geschah, S. 96.

ten, na ja, die ziehen ins KZ und erfahren so den Schutz der Anonymität. Da in einem solchen Lager sehr viele Menschen interniert waren, stellten wir uns vor, dass man dort von den täglichen Misshandlungen verschont bliebe, anders als in Brauweiler, wo wir jeden Tag dem furchtbaren Zugriff der Gestapo ausgesetzt waren. Von den wahren Zuständen und den Massenmorden in den KZs wussten wir nichts. Die Konzentrationslager waren weit von Köln entfernt, und es war der nationalsozialistischen Propaganda gelungen, diese Dinge vor uns zumindest geheim zu halten."[249]

Abb. 5: B. Schink, F. Rheinberger und G. Schwarz (von links nach rechts)
(Fritz Theilen: Edelweißpiraten. Köln 2003.)

6.4 Die „Edelweißpiraten" über Bartholomäus Schink

Die Auskünfte von ehemaligen Edelweißpiraten belegen eindeutig, dass Bartholomäus Schink an Widerstandsaktionen gegen das NS-Regime beteiligt war. Gertrud Koch, die eine Zusammenarbeit mit illegalen „Banden" vehement ablehnte, berichtet von Aktionen der Edelweiß-Gruppe bei denen Barthel „Schmiere gestanden" hatte.[250] Fritz Theilen, selbst ein Junge aus Ehrenfeld und mit Bartholomäus Schink eng befreundet, erinnert sich an eine Sabotageaktion, die sich gegen die Reichsbahn richtete und in deren Zusammenhang die Jugendlichen einen Zug zur Entgleisung bringen konnten. Die Idee dem „Schnäuzer" am 20. April 1944 ein besonderes Geburtstagsgeschenk zu machen, ging auf Barthel zurück.[251] Was vielfach abgestritten wurde - die politische Rehabilitierung und offizielle Anerkennung als NS-Widerstandskämpfer gelang erst im Jahre 2005 - hätte durch Berücksichtigung von Äußerungen noch lebender Edelweißpiraten

249 Jülich, Kohldampf, Knast un Kamelle, S. 92-93.
250 Vgl. Koch, Edelweiß, S. 155.
251 Vgl. Theilen, Edelweißpiraten, S. 91.

schon wesentlich früher untermauert werden können. Den Vorwurf sich in erster Linie auf „Terror-Akten" der Gestapo gestützt und Zeitzeugenbefragungen weitgehend ignoriert zu haben, muss sich der Historiker Bernd-A. Rusinek, der einen Forschungsauftrag des Landesinnenministeriums von Nordrhein-Wesfalen über die Ehrenfelder Vorgänge 1944 verfasst hat, in diesem Zusammenhang gefallen lassen. Dass sich der Autor hauptsächlich auf Protokolle von Verhören beruft, die mit schweren körperlichen Misshandlungen einhergingen, ist mehr als bedenklich. Wer kann es dem erst sechzehnjährigen Barthel verdenken, dass er seine HJ-Mitgliedschaft vor einem so sadistisch veranlagten Gestapobeamten wie Josef Hoegen hervorhob, während er die zeitweilige Zugehörigkeit zu den Edelweißpiraten innerhalb seiner Aussagen nur als kurzes Intermezzo abtat.

Gertrud Koch

„Viel später erfuhr ich, dass Bartholomäus Schink, ein Junge aus der Ehrenfelder Gruppe, der auch das eine oder andere Mal bei uns Schmiere gestanden hatte, so furchtbar geschlagen worden war, dass er keinen anderen Ausweg mehr sah, als seinen unmenschlichen Folterern Namen zu nennen. Es war kein Verrat, er konnte die Schläge einfach nicht mehr verkraften. Für seine «Tat» wurde er am Ende auch noch aufgehängt. Gerade sechzehn Jahre war er alt."[252]

Jean Jülich

„Als ich nach diesem mageren Abendmahl wieder ans Fenster meiner Zelle trat, um in den Hof zu schauen, hörte ich mir wohl bekannte Stimmen. Die anderen Häftlinge unterhielten sich von Fenster zu Fenster. Voller Freude erkannte ich die Stimmen von Barthel Schink und Bubbes Rheinberger. Ich meldete mich und fragte Barthel: »Wie lange seid ihr schon hier?« Sie erzählten mir von ihrer Verhaftung und dass sie schon mehrmals vernommen worden seien. Barthel schien mir ziemlich wortkarg, was ich sonst gar nicht von ihm gewöhnt gewesen war. Er erzählte aber, dass er von der Gestapo danach gefragt worden sei, wo sich Waffenlager der Edelweißpiraten befänden. Die Gestapoleute hatten ihn furchtbar mit Schemelbeinen und Hartgummischläuchen geschlagen und gefoltert. Er war schließlich zusammengebrochen, und damit sie endlich aufhörten, hatte er behauptet, auf der Insel im Decksteiner Weiher, auf der wir auch manchmal kampiert hatten, befänden sich Waffen und Munition. Zwei Tage darauf sei der von der Gestapo zur Insel gebracht worden. Sie hätten an verschiedenen Stellen gegraben, aber natürlich keine Waffen gefunden. Barthel sagte mir: »Was die hinterher mit mir gemacht haben, lässt sich nicht beschreiben. Nach dieser Behandlung hat man mich bewusstlos in meine Zelle verfrachtet.«

252 Koch, Edelweiß, S. 155.

Einen Tag später sei er dann wieder zur Vernehmung abgeholt worden, und man habe ihn nach weiteren Mitgliedern der Ehrenfelder Gruppe, die die Gestapo aber »Bande« genannt habe, befragt. Wieder sei er gefoltert und geschlagen worden. »Mir taten alle Knochen noch vom Vortag weh, und da habe ich dich und Ferdi Steingass genannt. Ich wusste, was mit euch geschehen würde, aber ich war am Ende.« Er fügte noch leise hinzu: »Ich hoffe nicht, dass du jemals in die Situation kommst, in der du erkennst, dass ich nicht anders konnte. Bitte verzeih mir!«"[253]

Fritz Theilen

„Die haben einige der Edelweißpiraten in Ehrenfeld an der gleichen Stelle aufgehängt wie drei Wochen vorher die Fremdarbeiter. Anschließend soll ein Gestapo-Mann verkündet haben, dass es sich bei den Jungen um ganz gefährliche Verbrecher gehandelt habe, die zum Schutz der öffentlichen Ordnung hätten aufgehängt werden müssen. Viele Menschen haben zugesehen, aber niemand hat sich getraut etwas zu sagen, denn das ganze Gelände war schwer bewacht, überall SS und Gestapo mit Maschinengewehren im Anschlag. Die Leichen haben fast den ganzen Tag am Strick gehangen, bis zum nächsten Luftangriff, dann wurden sie erst abgenommen. Insgesamt sollen es 13 Personen gewesen sein, darunter sechs Jugendliche. Der Jüngste war erst 16 Jahre alt."[254] [...] „Nach einigen Tagen fand ich Hugo, mit dem ich aus dem Lager in Ellern geflohen war. Von ihm erfuhr ich, was im November 1944 in Köln-Ehrenfeld genau passiert war. Die Gestapo hatte den gesamten Stadtteil durchkämmt, es gab Schießereien mit illegalen Gruppen. Bei einer Aktion wurden viele Edelweißpiraten gefasst und in das Gestapo-Gefängnis nach Brauweiler gebracht. Nachdem sie dort verhört und gefoltert worden waren, brachte man sie in einem offenen LKW nach Ehrenfeld, wo an der Ecke Schönsteinstraße und Venloer Straße ein Galgen stand. An der gleichen Stelle, an der zwei Wochen vorher ukrainische Zwangsarbeiter und Polen hingerichtet worden waren, wurden drei meiner Freunde, Barthel Schink, Franz Rheinberger und Günther Schwarz, vor den Augen der Öffentlichkeit aufgehängt. Nach der Vollstreckung wurde verkündet, dass sie alle Verbrecher gewesen seien und dass es jedem so ergehen werde, der sich nicht an die Vorschriften hielte."[255]

---

253 Jülich, Kohldampf, Knast un Kamelle, S. 80.
254 Theilen, Edelweißpiraten, S. 141.
255 Ebd., S. 146.

Dass die Edelweißpiraten Gertrud Koch, Jean Jülich und Fritz Theilen, im Gegensatz zu ihrem Freund Bartholomäus Schink, das nahende Kriegsende außerhalb Kölns überleben konnten, kann man als eine glückliche Fügung bezeichnen. Gertrud Koch hielt sich gemeinsam mit ihrer Mutter bis Kriegsende auf einem abgelegenen Bauernhof der Schwäbischen Alb versteckt.[256] Sie war zwischenzeitlich nach Köln zurückgekehrt - ausgerechnet am 10. November 1944 - und musste so Zeugin der Ehrenfelder Hinrichtung werden.[257] Jean Jülich wurde am 10. Februar 1945, nach viermonatiger Haft, gemeinsam mit seinem Freund Ferdinand Steingaß vor der heranrückenden Front vom Gestapogefängnis Brauweiler in das Siegburger Zuchthaus überstellt.[258] Von Siegburg aus brachte man die Häftlinge zunächst in das Gefängnis Butzbach und schließlich in der Jugendstrafanstalt Rockenberg in Hessen unter.[259] Dort erlebte Jülich, wohl Ende März 1945, die Befreiung durch amerikanische Soldaten.[260] Fritz Theilen wurde von der Gestapo in das „Wehrertüchtigungs-Bewährungslager" in Ellern im Hunsrück eingewiesen.[261] Das Lager war im Frühjahr 1944 errichtet worden und unterstand zunächst der HJ, etwa ab Mitte 1944 der Gestapo. Dort wurden die jugendlichen Häftlinge im Alter zwischen 13 und 17 Jahren zur Schwerstarbeit, u. a. in Holzfällerkolonnen, herangezogen.[262] Gemeinsam mit seinem Freund Hugo, den er noch von Treffen am Takubunker in Köln kannte, gelang Fritz die Flucht.[263] Auf seinem Weg nach Pfronten im Allgäu, wohin sich Mutter und Bruder in der Zwischenzeit abgesetzt hatten, wurde er von der Gestapo aufgegriffen und in ein Nebenlager des KZ Dachau gebracht.[264] Von dort konnte er wiederum fliehen und nach Umwegen schließlich Pfronten erreichen, wo er sich bis zum Eintreffen der Amerikaner aufhielt.[265]

256 Vgl. Koch, Edelweiß, S. 220.
257 Ebd., S. 240.
258 Vgl. Jülich, Kohldampf, Knast un Kamelle, S. 95.
259 Ebd., S. 97.
260 Ebd., S. 99.
261 Vgl. Theilen, Edelweißpiraten, S. 115-116.
262 Siehe http://www.museenkoeln.de/ausstellungen/nsd_0404_edelweiss/db_index.html.
263 Vgl. Theilen, Edelweißpiraten, S. 121.
264 Ebd., S. 129.
265 Ebd., S. 143.

7 Stigmatisierung und Rehabilitierung

7.1 Kampf um Anerkennung

Während ein Großteil der überlebenden Edelweißpiraten nach Kriegsende einen Ausweis für politisch Verfolgte erhielten, ging der offiziellen Rehabilitierung des hingerichteten Bartholomäus Schink im Jahr 2005, ein langwieriger und zermürbender Kampf der Familie Schink voraus. Die im Anschluss an diesen Abschnitt in Auszügen folgende Korrespondenz zwischen Gertrud Schink, der Mutter von Barthel und der zuständigen Stelle für Wiedergutmachung der Stadtverwaltung Köln, veranschaulicht die Aussichtslosigkeit dieses Vorhabens, das schließlich 1962 - rund 10 Jahre nach dem ersten Brief der Mutter samt Antrag auf Anerkennung des Sohnes als politisch Verfolgten - endgültig abgelehnt wurde. Dass über Jahre hinweg, die dafür notwendigen Akten nicht eingesehen werden konnten, grenzt nahezu an einen Boykott von Seiten des Dezernats für Wiedergutmachung aus. Es sei noch erwähnt, dass Barthels Familie nach dem abschließenden Urteil einen Prozess anstrengte, im Zuge dessen ehemals hochkarätige Kölner Gestapobeamte, wie Hoegen, Schiffer und Hirschfeld in den Zeugenstand berufen worden und vor Gericht unter Eid aussagten, dass jene Edelweißpiraten, die im November 1944 am Galgen sterben mussten von der Gestapo nicht als politische Widerstandgruppe, sondern als kriminelle Verbrecherbande verfolgt worden waren. Das Gericht gab jenen Zeugenaussagen Recht. Die Anstrengungen um Rehabilitierung des hingerichteten Sohnes wurden somit erneut abgewiesen und die Familie Schink gab ihr Vorhaben nun endgültig auf.[266]

31. Dezember 1952. Bei der Stadtverwaltung Köln, Stelle für Wiedergutmachung, ist unter Nr. V 910 ein Antrag auf Anerkennung von Bartholomäus Schink als politisch Verfolgter eingegangen. Absender ist Barthels Mutter, Gertrud Schink, wohnhaft Keplerstraße 33.

4. September 1954. Die Stadt Köln antwortet Gertrud Schink: „Ich nehme höflichst Bezug auf Ihren Antrag auf Anerkennung als Verfolgter des NS-Regimes und bitte hierzu die als Anlage überreichten Vordrucke ausgefüllt, unterschrieben und ggfls. mit dem erforderlichen Beweismaterial bis spätestens zum 30.09.54 zurücksenden zu wollen. Da für die Gewährung einer Entschädigung auf Grund des Bundesergänzungsgesetzes vom 18.09.1953 eine besondere Anerkennung als Verfolgter nicht mehr gefordert wird, bitte ich um Mitteilung, ob

266 Vgl. Jülich, Kohldampf, Knast un Kamelle, S. 164.

Sie Ihren Antrag vom 26.11.52 auf Anerkennung als Verfolgter zurückziehen und lediglich eine Entschädigung nach vorstehend genanntem Gesetz beantragen oder ob Sie beide Anträge (Anerkennung und Entschädigung nach Bundesergänzungsgesetz) erledigt zu haben wünschen..."

10. September 1954. Gertrud Schink antwortet der Stadt Köln: „Sehr geehrter Herr... Es liegt mir sehr am Herzen, daß mein Sohn als politisch Verfolgter anerkannt wird, denn er war damals noch ein Kind; er starb am Galgen seiner politischen Gesinnung wegen... Ferner lege ich nochmals die Geburts- und Sterbeurkunden meines Sohnes Bartholomäus bei und möchte gerne hoffen, daß Sie mir zu meinem Recht verhelfen... Mit freundlichen Grüßen."

11. Februar 1955. Die Stadt Köln an Gertrud Schink: „Sehr geehrte Frau Schink... Ich bestätige den Eingang Ihres Schreibens... Damit Ihr Antrag auf Gewährung einer Hinterbliebenenrente erfolgreich bearbeitet werden kann, bitte ich um Vorlage konkreten Beweismaterials, daß Ihr Sohn Bartholomäus am 10.11.1944 in Köln-Ehrenfeld aufgrund seiner politischen Überzeugung hingerichtet worden ist. Da angenommen wird, daß Ihnen die Beweisführung lediglich aufgrund von Zeugenerklärungen möglich ist, weise ich hiermit darauf hin, daß die Richtigkeit der Unterschriften bei diesen Erklärungen amtlich beglaubigt werden muß... Sobald der Nachweis, daß Ihr Sohn wegen seiner politischen Überzeugung hingerichtet wurde, erbracht ist, werde ich Ihren Antrag unverzüglich bearbeiten und zur Entscheidung weiterleiten..."

23. Mai 1955. Stadt Köln an Gertrud Schink: „Sehr geehrte Frau Schink... Damit Ihr Antrag auf Gewährung einer Hinterbliebenenrente erledigt werden kann, bitte ich höflichst um Vorlage der mit meinem Schreiben vom 11.2.55 angeforderten Unterlagen..."

22. März 1956. Stadt Köln an Gertrud Schink: „Sehr geehrte Frau Schink... In Erledigung Ihrer Anfrage vom 14.03.56 teile ich mit, daß Ihr Antrag auf Wiedergutmachung vorerst nicht abschließend bearbeitet werden kann, da die hierfür erforderlichen Beweisunterlagen in einem ähnlich gelagerten Fall an die Staatsanwaltschaft Köln abgegeben werden mußten. Sobald die Akten zurück gegeben werden, erfolgt die abschließende Bearbeitung des Antrages..."

28. Februar 1957. Stadt Köln an Gertrud Schink: „Sehr geehrte Frau Schink... Ich bedauere sehr, Ihnen auch heute wieder mitteilen zu müssen, daß ohne die im Jahre 1944 von der Staatsanwaltschaft Köln über den sogenannten <Ehren-

felder Fall> angelegte Akte über Ihren Antrag nicht entschieden werden kann. Wie Ihnen bereits mitgeteilt, wurde diese Akte im Oktober 1956 dem Herrn Regierungspräsidenten Köln auf Anforderung zugeleitet, da der Vorgang zur Erledigung eines Beschwerdeverfahrens benötigt wurde. Ich habe heute versucht, die Akte zurückzuerhalten. Sobald die Unterlagen hier wieder vorliegen, erfolgt die Vorlage Ihres Antrages bei der Entschädigungsbehörde..."

24. Juni 1957. Gertrud Schink an die Stadt Köln: „Sehr geehrter Herr... Was kann ich tun, daß ich meine Akte wiederbekomme? Seit dem Jahre 1952 versuche ich, meinen Sohn Bartholomäus Schink als politisch Verfolgten anerkennen zu lassen, bis heute, 1957, stehe ich vor einer Mauer, die nicht zu überspringen ist... Ich bitte sie nun... falls es Ihre Zeit erlaubt, nur einmal ausführlicher zu schreiben, warum, wieso, weshalb? ... Es war schwer, meinen Sohn, der erst 16 Jahre zählte, zu verlieren. Aber unüberbrückbar scheint mir der Weg zu sein, meinen Sohn als politisch Verfolgten anzuerkennen. Warum? Hochachtungsvoll..."

8. Juli 1957. Die Stadt an Gertrud Schink: „Sehr geehrte Frau Schink... In Beantwortung Ihres Schreibens vom 24.6.1957 stelle ich zunächst einmal richtig, daß in den Schreiben vom 4.07.1956 und 28.02.1957 nicht die Rede vom Versand der Akte Ihres Sohnes ist, sondern von der Gerichtsakte über den <Ehrenfelder Fall>. Diese Akte, die bei der Oberstaatsanwaltschaft in Köln 1944 entstand und die auch Aufzeichnungen über Ihren Sohn enthält, wird in einem gleichgelagerten Fall bei der Staatsanwaltschaft Köln benötigt. Es wurde versucht, die Akte zurückzuerhalten, jedoch bis heute leider ohne Erfolg... Beim hiesigen Amt befinden sich zur Zeit nur die hier entstandene und die Akte der Staatlichen Kriminalpolizei über die Strafanzeige, die Sie am 14.07.1944 gegen Barthel Schink und andere erstattet haben... Ich bedauere, Ihnen erneut mitteilen zu müssen, daß ich den Antrag ohne die Akte der Oberstaatsanwaltschaft aus dem Jahre 1944 nicht weiterreichen kann..."

16. August 1962. Der Kölner Regierungspräsident an Gertrud Schink: „... ergeht auf Grund des Bundesgesetzes zur Entschädigung für Opfer der nat.-soz. Verfolgung... folgender Bescheid: Der geltend gemachte Anspruch für Schaden an Leben wird abgelehnt. Die Entscheidung ergeht gebühren- und auslagenfrei. Entstandene Kosten und Auslagen werden nicht erstattet..."[267]

267 Alexander Goeb: Er war sechzehn, als man ihn hängte. Das kurze Leben des Widerstandskämpfers Bartholomäus Schink. Reinbek bei Hamburg 1981, S. 139-143.

7.2 Kölner Kontroverse

Nachdem es in den folgenden Jahren ruhig um die Edelweißpiraten geworden war, berichtete am 23. Mai 1978 die ARD-Fernsehsendung „Monitor“ vom Schicksal des Bartholomäus Schink und prangerte an, dass Barthel, der von den Nationalsozialisten ermordet worden war, in den Gerichtsakten weiterhin als Krimineller geführt werde.[268] Jean Jülich schrieb daraufhin an die Redaktion von „Monitor“, dass er, wenn sein Freund Bartholomäus Schink nicht vom Vorwurf der Kriminalität reingewaschen werde, bereit sei seinen Ausweis als politisch Verfolgter zurückzugeben. Zu diesem Zeitpunkt hatte sich bereits eine Bürgerinitiative gebildet, die am Hinrichtungsplatz der Edelweißpiraten in Köln-Ehrenfeld eine Protestkundgebung organisierte. Daraufhin erklärte sich der damalige Regierungspräsident bereit, die Angelegenheit einer erneuten Prüfung zu unterziehen.[269] Die „Initiative Edelweißpiraten als Antifaschisten“ erreichte, dass neben dem Hinrichtungsplatz am 8. Mai 1986 eine Gedenktafel angebracht wurde.[270] Außerdem wurde die angrenzende „Hüttenstraße“ in „Bartholomäus-Schink-Straße“ umbenannt.[271] Auf jener Gedenktafel heißt es:

HIER WURDEN
AM 25.10.1944
ELF VOM NS-REGIME
ZUR ZWANGSARBEIT
NACH DEUTSCHLAND
VERSCHLEPPTE BÜRGER
POLENS UND DER UDSSR
UND AM 10.11.1944
DREIZEHN DEUTSCHE - UNTER IHNEN
JUGENDLICHE EDELWEISSPIRATEN
AUS EHRENFELD SOWIE ANDERE
KÄMPFER GEGEN KRIEG UND TERROR -
OHNE GERICHTSURTEIL ÖFFENTLICH
DURCH GESTAPO UND SS GEHENKT

Den sprichwörtlichen Stein ins Rollen auf dem Weg zur offiziellen Rehabilitation, brachte jedoch am 13. März 1984 die Auszeichnung mit der Ehrenmedaille von Yad Vashem - der zentralen Gedenkstätte für die Opfer des Holocausts in Israel -, die Jean Jülich, sowie posthum Bartholomäus Schink und Michael Jovy

268 Vgl. Jülich, Kohldampf, Knast un Kamelle, S. 163.
269 Ebd., S. 165.
270 Vgl. Theilen, Edelweißpiraten, S. 151.
271 Vgl. Jülich, Kohldampf, Knast un Kamelle, S. 166.

verliehen wurde. Jülich, Schink und Jovy wurden in Tel Aviv als „Gerechte unter den Völkern" geehrt und mit der Pflanzung eines Baumes in der „Allee der Gerechten" auf dem Herzlberg bei Jerusalem gewürdigt. Das Komitee von Yad Vashem vergibt diese Ehrung an Nicht-Juden, die bei der Rettung von Juden vor dem Holocaust ihr Leben riskiert haben.[272] Die Auszeichnung eines Nicht-Juden kann hingegen nur auf Empfehlung eines Juden hin verliehen werden. Im vorliegenden Fall ging die Initiative vom jüdischen Journalisten Peter Finkelgrün aus, der darüber informiert war, dass die Gruppe um Hans Steinbrück in deren Ehrenfelder Unterschlupf zeitweise auch Juden versteckt gehalten hatte. Jean Jülich nahm diese Auszeichnung stellvertretend für die Edelweißpiraten innerhalb der Steinbrück-Gruppe entgegen.[273]

Nur wenige Tage später am 21. März 1984, legte der SPD-Abgeordnete Albert Klütsch dem nordrhein-westfälischen Landtag eine parlamentarische Anfrage mit dem Titel „Kölner Edelweißpiraten" vor. Darin heißt es: „In Israel sind Angehörige der Kölner Edelweißpiraten für deren Widerstand gegen das NS-Unrechtsregime ausgezeichnet worden; die Stadt Köln hat die Edelweißpiraten in besonderer Weise geehrt. In den Akten der Entschädigungsbehörde werden dagegen die Kölner Edelweißpiraten nach wie vor als Kriminelle geführt. Wann wird vor dem Hintergrund neu vorliegender Erkenntnisse der politische Widerstand der Kölner Edelweißpiraten endlich auch im Lande Nordrhein-Westfalen anerkannt?"[274] Auf die Initiative des Landtagsabgeordneten hin, wurde ein Forschungsauftrag des Landesinnenministeriums vergeben und das Historische Seminar der Heinrich-Heine-Universität in Düsseldorf mit einem wissenschaftlichen Gutachten beauftragt. Der Arbeitstitel, mit dem sich der Lehrstuhl von Professor Peter Hüttenberger zu befassen hatte, lautete: „Formen des Jugendwiderstandes im 'Dritten Reich' unter besonderer Berücksichtigung der Verhältnisse in Köln."[275] Bernd-A. Rusinek, ein Doktorand von Professor Hüttenberger, legte 1988 seine Dissertation über diesen Themenkomplex vor. Er vertritt darin die Ansicht, dass diejenigen Jugendlichen, die sich in der zweiten Jahreshälfte 1944 in der Peripherie von Hans Steinbrück aufhielten und schließlich hingerichtet wurden, zwar als Opfer der NS-Gewaltherrschaft, nicht aber als Widerstandskämpfer angesehen werden können. Daraufhin entbrannte ein öffentlicher Streit zwischen Vertretern der Widerstands- und der Kriminalitätsthese. Dem Autor Bernd-A. Rusinek wurde vorgeworfen, sich in erster Linie auf Akten der Kölner Gestapo gestützt und Zeitzeugenaussagen weitgehend ignoriert zu haben. Erst

272 Vgl. Jülich, Kohldampf, Knast un Kamelle, S. 167.
273 Vgl. Jung/Neumann, Gegen den braunen Strom, S. 108.
274 Rusinek, Gesellschaft in der Katastrophe, S. 10.
275 Ebd.

am 16. Juni 2005 konnte dieser Streit um die Kölner Kontroverse beendet werden, als der damalige Regierungspräsident und heutige Oberbürgermeister der Stadt Köln, Jürgen Roters (SPD), Einsicht in die Gestapoakten nahm und sich gegen die alten Entscheidungen stellte. Seitdem hängt in der Galerie des Regierungspräsidenten eine Urkunde, die Bartholomäus Schink und seine Freunde als Widerstandskämpfer auszeichnet.[276] Der Wortlaut des Schriftstückes, das in einer würdigen Feierstunde im Plenarsaal des Regierungspräsidenten, u. a. an Jean Jülich und andere noch lebende Edelweißpiraten verliehen wurde, lautet: „Jean Jülich erhält diese Urkunde für seinen Widerstand gegen das Unrechtsregime des Nationalsozialismus. Dazu gehörte viel Mut. Er hatte den Willen, ihn zu haben. Auch nach dem Krieg hat er sich unermüdlich für die Anerkennung der jugendlichen Widerstandskämpfer eingesetzt. Damit ist er vor allem jungen Menschen ein Vorbild im Kampf gegen Unrecht und Unterdrückung."[277]

Tragischerweise sollte mit diesem Ereignis im Sommer 2005, die öffentliche Debatte um die Edelweißpiraten noch nicht beendet sein. Knapp zwei Jahre später im April 2007, beschuldigte der pensionierte Leiter der Kölner Kriminalpolizei und Hobbyhistoriker vom Verein für Geschichte e. V. Pulheim, Walter Volmer, Jean Jülich in der Abtei Brauweiler öffentlich, er habe sich die Auszeichnung von Yad Vashem als „Gerechter unter den Völkern" 23 Jahre zuvor „erschlichen." Aufgrund der erneuten Sichtung historischer Quellen, sah es Volmer als erwiesen an, dass Jülich zum Zeitpunkt, als Hans Steinbrück in seiner Ehrenfelder Unterkunft Juden versteckt hielt, zu Schanzarbeiten am Westwall abkommandiert worden war. Dieser hatte sich jedoch nach wenigen Tagen von dort abgesetzt, was von Zeitzeugen bestätigt wird, und war nach Köln zurückgekehrt. Andere Zeugen geben an, Jülich und die versteckte jüdische Familie in Steinbrücks Versteck zusammen gesehen zu haben. Jülich selbst war zu diesem Zeitpunkt gerade fünfzehn Jahre alt, was dem Komitee in Israel sicherlich nicht entgangen war. Er hatte die Ehrung in Yad Vashem stellvertretend für Andere angenommen. Wolfgang Schwarz, der Bruder des hingerichteten Günter Schwarz und wegen seines jüdischen Vaters von den Nationalsozialisten als „Halbjude" bzw. „Geltungsjude" gebrandmarkt, schrieb in einem Leserbrief vom 29. April 2007 an die Kölnische Rundschau: „Ich muss Herrn Volmer widersprechen. Mein Freund Jean Jülich hat sich die Anerkennung in Yad Vashem nicht „erschlichen." Er hat den Antrag auf Anerkennung nicht gestellt. Er wusste von der Anwesenheit der Frauen Krämer und des Urbat [die versteckten Juden]. Auch ist er mit meinem Bruder und mit mir immer wieder zusammengekom-

276 Vgl. Georg Bönisch: „Widerstand aus der Gosse." In: Der Spiegel 45 (2005), S. 86.

277 Text der Original-Urkunde. In Privatbesitz von Jean Jülich.

men, ohne uns zu verraten. Im Gegenteil, er hat uns so gut geholfen, so gut es in seiner Macht stand. Damals war das Wissen um versteckte Juden, ohne sie anzuzeigen, strafbar, bis hin zur Todesstrafe [...].“ Im Zuge der Vorwürfe kam es im Mai 2007 schließlich zu einem Prozess, den Jean Jülich gewinnen konnte. Das Kölner Landgericht erließ eine einstweilige Verfügung. Walter Volmer darf seine Behauptungen nicht wiederholen.[278]

Fritz Theilen

„Die Hauptursache für das Ende der Edelweißpiraten in Köln aber waren die Vorurteile und Verleumdungen, denen wir ständig ausgesetzt waren. Die Propaganda der Nationalsozialisten hatte ihre Wirkung nicht verfehlt. Wir wurden als »kriminelle Bande« diffamiert, und viele meiner Freunde zogen sich von den Gruppen zurück. Einige von ihnen sind heute Beamte oder haben hohe Positionen in Unternehmen. Sie alle haben in ihren Lebensläufen verschwiegen, bei den Edelweißpiraten gewesen zu sein. Sie haben Angst davor, mit der Wahrheit an die Öffentlichkeit zu gehen, weil sie Repressalien der Gesellschaft fürchten und Rücksicht auf ihre Familien nehmen wollen. [...] Heute wie damals gibt es Menschen, die unser Verhalten kriminalisieren, und um das zu beweisen, scheuen sie nicht davor zurück, ehemalige SS-Schergen und Gestapo-Leute gegen uns als Zeugen beizubringen. Dieselben Männer, die uns grausam misshandelten und auch vor Mord nicht zurückschreckten, sind heute die Kronzeugen der Anklage gegen uns. Die uns damals zwangen, unter falsche »Geständnisse« unsere Unterschrift zu setzen, sorgen mit ihrer Unterschrift unter ebenso falsche Zeugenaussagen für unsere Diskriminierung - bis heute.“[279]

Jean Jülich

„[...] die Begrifflichkeit »hohe ethische Gesinnung« war uns fremd gewesen. Wir waren Jungen und Mädchen, denen der HJ-Drill nicht passte, und wir wollten unserem Protest dagegen Ausdruck verleihen. Uns ging es nicht um die große Politik, wir handelten nach dem, was uns der gesunde Menschenverstand gebot. In einer Diktatur war es aber nur ein kleiner Schritt von da zum politischen Widerstand. Und das muss die Gestapo auch so verstanden haben, sonst wären wir nicht bedingungslos verfolgt, verhaftet und gefoltert worden.[280] [...] Obwohl mein Freund Barthel Schink in den Akten immer noch als Krimineller geführt wird, wurde mir - und das ist doch ein politischer Treppenwitz - wegen meines Widerstandes im Dritten Reich der Orden des Bürgerausschusses der Stadt

---

278 Informationsbroschüre über die Ereignisse im Frühjahr 2007 (Briefwechsel, Öffentliche Stellungnahmen, Zeitungsartikel, u. a.). Zusammengestellt von Jean Jülich.

279 Theilen, Edelweißpiraten, S. 149-150.

280 Jülich, Kohldampf, Knast un Kamelle, S. 174-175.

Köln, das Bundesverdienstkreuz am Bande und der Verdienstorden des Landes Nordrhein-Westfalen verliehen. Zudem wurde ich zum Ehrenmitglied der Kölnischen Gesellschaft für christlich-jüdische Zusammenarbeit ernannt."[281]

Gertrud Koch

„In den letzten Jahren haben wir dafür gekämpft, dass unsere Edelweißgruppe als politische Widerstandsgruppe anerkannt wurde. Aber es gab die bekannten Vorbehalte, bis in die achtziger Jahre hinein wurden wir immer wieder als «kriminelle Bande» dargestellt. Die Verwaltungsbehörden behandelten uns zwar als Opfer eines Unrechtsregimes, aber nicht als Angehörige des politischen Widerstands. Auch die Bezirksregierung Köln, die damals für das Bundesentschädigungsgesetz zuständig war, stufte die Edelweißpiraten nicht als politisch Verfolgte ein. Erst am 16. Juni 2005 wurden wir im Plenarsaal des Kölner Regierungspräsidiums im Rahmen eines Festakts als Widerstandskämpfer anerkannt. Es war zwar eine späte Ehrung für uns «Edelweißpiraten» - aber für mich war dieser Tag die Krönung meines Lebens."[282]

281 Jülich, Kohldampf, Knast un Kamelle, S. 179.

282 Koch, Edelweiß, S. 253.

7.3 Die Gedenktafel in Köln-Ehrenfeld

Abb. 6: Gedenktafel.

(Quelle: Privatbesitz)

Abb. 7: Bartholomäus-Schink-Straße.
1991 war die gegenüber der Gedenktafel liegende „Hüttenstraße“ von der Ehrenfelder Bezirksvertretung in „Bartholomäus-Schink-Straße“ umbenannt worden.

(Quelle: Privatbesitz)

7.4 Mahn- und Gedenkveranstaltung

Etwa 150 Personen nahmen am 10. November 2009 an einem Schweigemarsch durch Köln-Ehrenfeld teil. Von der ehemaligen Synagoge in der Körnerstraße ging es, nach kurzem Gedenken an die Opfer der Reichsprogromnacht, in Richtung Bartholomäus-Schink-Straße. Dort wurden in Erinnerung an die öffentliche Hinrichtung vor 65 Jahren vor der Gedenktafel Blumenkränze niedergelegt und Kerzen aufgestellt. Die Abbildung im Hintergrund zeigt Ferdinand Steingaß, genannt „Fähn", ebenfalls Edelweißpirat, enger Freund und Weggefährte Jean Jülichs, der wenige Tage zuvor, am 30.10.2009, verstorben war. Im Rahmen der abschließenden Kulturveranstaltung traten u. a. Jean Jülich, Rolly Brings, die Band „Brings" und der Oberbürgermeister Jürgen Roters auf.

Abb. 8: In Gedenken an die Hinrichtung vom 10.11.1944.
(Quelle: Privatbesitz)

8 Zusammenfassung

8.1 Interview mit Jean Jülich

Nach einem ersten Kontakt im Anschluss an die Mahn- und Gedenkveranstaltung vom 10.11.2009, durfte ich Herrn Jean Jülich am 29.01.2010 zu einem Interview in seiner Kölner Wohnung treffen und ihm, im Rahmen meiner Magisterarbeit, einige Fragen stellen. Die Ergebnisse unserer Unterhaltung möchte ich im vorliegenden Unterkapitel zusammenfassen. Dabei habe ich mich an den Methoden der „Oral History" orientiert und keinen fest gefügten Fragenkatalog verfasst, sondern den Redefluss weitgehend ungehindert mittels einem Diktiergerät aufgezeichnet.

Besonders wichtig war es mir mehr über den hingerichteten Freund Barthel Schink zu erfahren, da über sein kurzes Leben nur wenige Quellen Auskunft geben. Tatsächlich ist auch er in einem politisch gesinnten Elternhaus aufgewachsen, das klassische Arbeiterviertel Köln-Ehrenfeld war fest in kommunistischer bzw. sozialdemokratischer Hand. Jülich bescheinigt Barthel Schink eine durchgängige Zugehörigkeit zu den Edelweißpiraten und nicht etwa, wie es aus Protokollen der Gestapoakten hervorgeht, eine zeitlich begrenzte Kontaktaufnahme. Die gefürchteten Verhörmethoden brutaler Schläger wie Josef Hoegen und Ferdinand Kütter („Sadisten"), die auch Barthel bis hin zur Bewusstlosigkeit über sich ergehen lassen musste, waren ein Grund dafür die HJ-Zugehörigkeit in den Vordergrund zu rücken und seine Kontakte mit Edelweißpiraten auf einige wenige Treffen zu reduzieren. Unter Folter gab Barthel seinen Peinigern schließlich Namen preis, so auch den von Jean Jülich. An dieser Stelle sei erwähnt, dass Jülich ihm diesen „Verrat" nachsieht, wenn man es überhaupt als Verrat bezeichnen kann, denn um von weiteren Schlägen verschont zu bleiben, hätte vermutlich jeder Gefolterte die unablässig geforderten Namen angegeben. Jean Jülich blieb glücklicherweise von schlimmeren körperlichen Misshandlungen in der Größenordnung von Barthel Schink verschont.

Jean Jülich, der gegen seinen Willen, aufgrund seiner politisch unzuverlässigen Familie, in der NS-Musterbildungslehranstalt des Reichsausbesserungswerk in Köln-Nippes eine Ausbildung als Schlosser beginnen musste, gehörte der dortigen Flieger-HJ an. Allmorgendlich hieß es vor Arbeitsbeginn Antreten und Meldung machen, sowie an jedem Samstag nach Feierabend und Mittagessen, die Türen waren verschlossen, ging es zum Exerzieren auf dem Sportplatz. Jülich hat „auf Teufel komm raus" geschwänzt und versucht den ungeliebten Zusammenkünften fernzubleiben. Eine dauerhafte Verweigerung der HJ-Dienstpflicht war vor 1939 nur schwer möglich, die Jugendlichen wurden einfach von zu Hause abgeholt. Die HJ-Führer, im Alter von 17 bis 18 Jahren, wurden jedoch während des Krieges zur Wehrmacht einberufen und durch nachrückende Hitlerjungen ersetzt. Der Respekt den gleichaltrigen Jungen gegenüber, wie auch die Organisation innerhalb der Hitlerjugend, schwanden daher nach 1939 zusehends. Innerhalb der Auseinandersetzungen zwischen HJ-Streifendienst und Edelweißpiraten hatten die „verhätschelten" Hitlerjungen, meist Gymnasiasten, gegenüber den Arbeiterjugendlichen, die schwere handwerkliche Berufe erlernt hatten, oft das Nachsehen. Jülich, der in Köln-Sülz aufgewachsen ist, berichtet vom Manderscheider Platz als einem festen Treffpunkt jener Jugendlichen außerhalb der HJ. In einer Zeit, als es weder Telefon noch Handy gab, traf man sich allabendlich dort und beratschlagte, wohin man am Wochenende fahren würde. Beliebte Ziele waren etwa Oberkassel oder Königswinter und die dortigen Seen. Dort wurde mit Gruppen aus anderen Städten gemeinsam musiziert.

Hans Steinbrück war ein „Hasardeur", der auf die Jungen große Faszination ausübte. Die Abkehr vom Nationalsozialismus - wenn es überhaupt eine anfängliche Begeisterung gegeben hat - und spätere Gegnerschaft Steinbrücks ist für Jülich eng mit dessen Einweisung in das KZ Buchenwald verbunden. Jülich selbst war regelmäßig in Steinbrücks Ehrenfelder Behelfswohnung zu Gast. Daher kann er auch die Annahme Rusineks, er gehöre nur zum Umfeld und nicht zum erweiterten Kern der Gruppe, nicht verstehen. Neben den beiden „Halbjuden" Günter und Wolfgang Schwarz, die bei ihm ein und aus gingen, hielt Steinbrück drei weitere Juden versteckt. Außerdem gab es in Steinbrücks Keller fast immer etwas zu essen und der unerträgliche Hunger konnte, wie etwa nach dem Überfall auf das Butterdepot, gestillt werden. Mit Hilfe des von Ferdi Steingaß und ihm entdeckten und nach Ehrenfeld transportierten Brückensprenggeräts, beabsichtigte Steinbrück das EL-DE-Haus in die Luft zu sprengen. Der Plan scheiterte jedoch.

Vier Monate lang wurde Jean Jülich im Gestapogefängnis in Brauweiler festgehalten. Über die Vorgehensweise der Gestapobeamten berichtet er: „Mein Freund Ferdi Steingaß erzählte mir, dass der Barthel Schink auf den Bock gelegt worden war und er musste ihm fünf Schläge versetzen und weil die nicht stark genug waren, musste er sich auf den Bock legen und dann musste der Barthel Schink ihm zehn Schläge verpassen." Auch Jülich blieb von solchen Torturen nicht verschont. Wohl einziger Lichtblick war die Kommunikation von Zelle zu Zelle mit anderen Edelweißpiraten, wie etwa Ferdi Steingaß, Barthel Schink oder Bubbes Rheinberger, nachdem die Gestapo abends das Gebäude verlassen hatte. Spitznamen, wie auch Abkürzungen, wurden dabei bewusst gewählt, um nicht durch mögliche Zuhörer entlarvt zu werden. Bei seiner eigenen Verhaftung hatte Jülich, dem wohl immer etwas verschlafenen Kriminalassistenten Schiffer seinen Vater, der ebenfalls Jean Jülich hieß und als Funktionär der KPD seit 1936 inhaftiert war, als bereits verstorben angegeben. Eine glückliche und schicksalhafte Fügung, die ihm womöglich das Leben gerettet hat.

Nach dem Krieg begann ein zunächst aussichtsloser Kampf um die offizielle Rehabilitierung der hingerichteten Edelweißpiraten. Jülich selbst ist bereits 1945 als politisch Verfolgter des Naziregimes anerkannt worden. Ein trauriger Höhepunkt bildet dabei ein Prozess, im Zuge dessen ehemals hochkarätige Kölner Gestapobeamte vor Gericht aussagten, die jugendlichen Edelweißpiraten seien nicht aufgrund ihrer politischen Opposition dem NS-Regime gegenüber, sondern wegen krimineller Machenschaften verfolgt worden. Dabei sahen sich die Jugendlichen, wie auch Jean Jülich, zu keinem Zeitpunkt mit der Kriminalpolizei konfrontiert, sondern ausschließlich mit der Geheimen Staatspolizei, die im Dritten Reich für die politischen Staatsfeinde zuständig war. Diebstahl von Lebensmitteln, der heutzutage persönlicher Bereicherung dient, sicherte damals das Überleben. Mittlerweile hat Jean Jülich viele Ehrungen erhalten, sei es die Auszeichnung als „Gerechter dieser Welt“ von Yad Vashem, das Bundesverdienstkreuz oder der Verdienstorden Nordrhein-Westfalen, um nur einige zu nennen, trotzdem setzt er sich bis zum heutigen Tag, nach dem Motto „Edelweißpiraten sind treu“ aktiv für seine ermordeten Freunde ein.

8.2 Diskussion

Vor dem Hintergrund, dass mittlerweile nur noch drei ehemalige Kölner Edelweißpiraten von ihren Erlebnissen im Dritten Reich berichten können und Zeugnisse des aktiven Widerstands kaum vorhanden sind, wenn man von erhalten gebliebenen Fotos und Zelleninschriften im Keller des EL-DE-Hauses absieht, kommt den Erzählungen von Zeitzeugen eine immens wichtige Bedeutung zu. Die in Archiven überlieferten Dokumente hingegen, die auch in Zukunft wissenschaftliche Forschungen möglich machen werden, spiegeln ausschließlich die Perspektive ihrer Gegner wider. Nach Auswertung der Biographien und des persönlichen Gesprächs mit Jean Jülich kann als bewiesen gelten, dass diese Arbeiterjugendliche, im Rahmen ihrer Möglichkeiten, aktiven Widerstand gegen das NS-Regime leisteten. In einer Diktatur in der bereits kleinste Abweichungen von der Norm der NS-Volksgemeinschaft rücksichtslos verfolgt wurden, galten Aktionen, wie verteilte Flugblätter, öffentlich angebrachte Parolen, mit zusätzlichen Lebensmitteln versorgte Zwangsarbeiter, vorsätzliche Schädigung wirtschaftlicher Produktion und das Wissen um versteckte Juden als sicheres Todesurteil. Insbesondere 1944, in einer von alliierten Bomben zerstörten Großstadt, war der Grad der regimekritischen Handlungen zwischen politischem und kriminellem Charakter sehr schmal. Die Edelweißpiraten um Jean Jülich, Fritz Theilen, Bartholomäus Schink und Günter Schwarz, die zu diesem Zeitpunkt nicht mehr an unbekümmerten Fahrten in die Umgebung Kölns teilnehmen konnten, sahen sich von einem immer rücksichtsloser agierenden Gewaltapparat verfolgt und in die Illegalität gedrängt. Mittlerweile suchte man Jugendliche, wie Barthel, der sich unerlaubt von Schanzarbeiten am Westwall entfernt hatte, nicht nur aufgrund ihrer Zugehörigkeit zu den Edelweißpiraten, sondern auch als Deserteure. Sie wurden damit unfreiwillig in eine Situation manövriert, die sie dazu zwang ihre Familien zu verlassen und unterzutauchen, sowie Lebensmittel zu stehlen, um das eigene Überleben zu sichern. Der Historiker Martin Rüther schildert sehr eindringlich, dass seit der zweiten Jahreshälfte 1944, eine weitere Front quer durch Köln verlief. Wie die Gestapo ihren eigenen Untergang-, so hatten die in den Ruinen versteckten Zwangsarbeiter, Deserteure, Jugendliche das rettende Kriegsende vor Augen. Beide Parteien lieferten sich einen unerbittlichen Kampf um Leben und Tod. Kann man es diesen Jugendlichen verdenken, dass sie aufgrund ihres bewaffneten Gegenübers zur Pistole griffen, um das eigene Leben verteidigen zu können? Die Gestapo diente seit 1933 ausschließlich der Verfolgung politischer Gegner. Ihr Einsatz lässt Rückschlüsse auf die Bewertung jener Edelweißpiraten durch die NS-Behörden zu. Wären die Jugendlichen ausschließlich als Kriminelle gesucht worden, wie es ehemalige Gestapobeamte in einem Prozess glauben machen wollten, so wäre nicht die Geheime Staatspolizei, sondern die Kriminalpolizei für deren Festnahme zuständig gewesen. Die Jugendlichen sahen sich jedoch zu keinem Zeitpunkt, was auch im vorangegangenen Interview von Jean Jülich bestätigt wird, mit der Kriminalpolizei konfrontiert. Unmittelbar nach 1945 lasteten die Hypothek der nationalsozialistischen Vergangenheit und der Umgang mit Opfern und Tätern schwer auf den Überlebenden. Man wollte die schrecklichen Jahre der Diktatur vergessen und den Blick in eine bessere Zukunft richten. Verdrängung, statt Konfrontation und Aufarbeitung setzte ein, was beispielhaft an der Nachkriegsgeschichte des Kölner EL-DE-Hauses deutlich wird: Bevor man 1979 beschlossen hatte, das ehemalige Gestapogefängnis als Gedenkstätte zu nutzen und öffentlich zugänglich zu machen, wurde das Gebäude unmittelbar nach 1945 von städtischen Dienststellen genutzt, erst als Standesamt, dann als Rentenstelle. In den erhalten gebliebenen Zellen im Keller lagerten alte Akten. In jenem Haus, indem Gestapo-Opfer ganz fürchterlich gefoltert und misshandelt worden waren, mussten sie nun ihre Rentenangelegenheiten klären.[283] Auch Gertrud Koch geb. Kühlem hat 1951 im EL-DE-Haus ihren Mann Willi geheiratet.[284] Die zunächst erfolglosen und 1962 endgültig abgewiesenen Bemühungen der Familie Schink den hingerichteten Sohn und Bruder Bartholomäus politisch zu rehabilitieren, werfen jedoch Fragen auf: War es tatsächlich die ungebrochene Kontinuität innerhalb des deutschen Rechtswesens, ehemals ranghohe Nationalsozialisten hatten im neuen demokratischen Staat erneut Schlüsselpositionen in Justiz und Politik inne, die eine Rehabilitation zu diesem Zeitpunkt noch unmöglich machte? Oder war es das kategorisierte Denken einer Mehrheit der Bevölkerung, dass Attribute, wie Kampf gegen Unrecht und Freiheit für das Vaterland, ausschließlich den Eliten, wie etwa der Gruppe um Claus Schenk Graf von Stauffenberg vorbehielt und mit gesellschaftlichen Randgruppen, wie Arbeiterkinder aus meist kommunistischen Familien, als unvereinbar ansah? Nur so kann die folgende Äußerung aus einem Ablehnungsbescheid des Oberlandesgerichtes Köln in einer die Erhängungen vom 10.11.1944 betreffenden Wiedergutmachungsangelegenheit, aus dem Jahre 1960, erklärt werden. Der im Namen des Volkes verwendete nationalsozialistische Jargon, der ermordete Menschen als „Bande“ bezeichnet, ist nicht zu übersehen: „Diese Bande als Widerstandsbewegung zu bezeichnen, muß zur Ehre der wirklichen Gegner des Nationalsozialismus entschieden abgelehnt werden.“[285] Fakt ist, dass sich Angehörige von Hingerichteten und ehemalige Edelweißpiraten nach 1945 mit der Ignoranz der zuständigen Behörden, wie dem Amt für Wiedergutmachung des Regierungspräsidiums Köln, hilflos gegenüber sahen. Die Bezeichnung als „Kraade“, was auf hochdeutsch soviel wie „Asoziale, Pöbel, Gesocks“ bedeutet, des damaligen Dezernatsleiters des Amtes für Wiedergutmachung, hebt die Einschätzung jener Jugendlichen durch die Behörden hervor.[286] Wie kann es möglich sein, dass das Schicksal eines Bartholomäus Schick, dessen kurzes Leben unter erbärmlichen Umständen ein viel zu frühes Ende fand, die Anerkennung zunächst verweigert blieb und erst mit der jüdischen Auszeichnung von Yad Vashem 1984, sowie der Ehrung durch den Kölner Regierungspräsidenten 2005, ausgleichende Gerechtigkeit erfuhr?

Im Folgenden soll auf zwei wissenschaftliche Aufsätze der Historiker Ian Kershaw und Martin Broszat verwiesen sein. Verbunden mit einem Paradigmenwechsel innerhalb der Widerstandsforschung machte es das Korrektiv der Geschichtswissenschaft möglich, den Fokus auf ein Bündel vielfältiger Formen oppositioneller Verhaltensmöglichkeiten im Dritten Reich zu richten. Die Kon-

283 Nachforschungen über die Edelweißpiraten.
284 Vgl. Koch, Edelweiß, S. 252.
285 Rusinek, Gesellschaft in der Katastrophe, S. 18.
286 Vgl. Jülich, Kohldampf, Knast un Kamelle, S. 180.

zentration auf den Widerstand „von oben“ der 1950er und 1960er Jahre wurde seit den 1970er Jahren durch einen erweiterten Blick auf eine „Geschichte von unten“ ergänzt. Die Konzeption des „Widerstands ohne Volk“ wandelte sich, laut Ian Kershaw, zu einem „Widerstand mit Volk.“[287] „Damit einher ging eine Hervorhebung nichtorganisierter, vielfach spontaner Erscheinungsformen einer „Volksopposition“ im alltäglichen Leben der „Durchschnittsbürger“, die - aus welchen Motiven auch immer - eine effektive Begrenzung des nationalsozialistischen Herrschaftsanspruchs als Resultat gehabt habe.“[288] In Abgrenzung vom Begriff „Resistenz“, den Kershaw für eine Analyse nicht systemkonformer Verhaltensweisen im Dritten Reich als nicht geeignet erachtet, prägt er den Ausdruck „Dissens.“[289] Als mögliche Dissens-Formen gibt er auch die Aktivitäten verschiedener Jugendgruppen, wie den Edelweißpiraten, an. Indem diese Gruppen vom Regime intensiv verfolgt wurden, hatten ihre Aktionen unbestreitbar eine politische Dimension. Gleichfalls warnt Kershaw jedoch auch davor, jene jugendlichen Subkulturen überzubewerten, da sich das Problem der Jugend-Nonkonformität im Dritten Reich durchaus in Grenzen hielt.[290]

Im Rahmen des vom Münchener Institut für Zeitgeschichte durchgeführten Forschungsprojekts „Widerstand und Verfolgung in Bayern 1933-1945“ wurde die Gesellschaftsgeschichte politischen Verhaltens in der NS-Zeit neu beleuchtet. Im Vorwort des ersten Bandes der Reihe wurde als richtungsweisender Ansatz angeführt, „das Forschungsthema »Widerstand und Verfolgung« müsse aus »monumentalistischer Erstarrung« gelöst und neu verlebendigt werden.“[291] Bis dato war das Widerstandsthema fast ausschließlich mit der Geschichte herausragender Märtyrer besetzt gewesen und so war es das Hauptziel des Projekts, das Widerstandsthema breiter zu entfalten: „Es schien - um das Thema neu nahezubringen und neu zu entdecken - ein Ansatz notwendig, der es ermöglichte, neben dem kämpferischen, konspirativen Widerstand, der Leib und Leben aufs Spiel setzte, die vielen »kleinen« Formen des zivilen Mutes, der jedem Zeitgenossen des Dritten Reiches zuzumuten war - in Kontrast zum Hauptstrom ängstlicher Anpassung oder enthusiastischer Regimebejahung -, in vollem Maße in die Be-

287 Vgl. Ian Kershaw: „Widerstand ohne Volk?“ Dissens und Widerstand im Dritten Reich. In: Der Widerstand gegen den Nationalsozialismus, hg. von Jürgen Schmödecke/Peter Steinbach. München 1985, S. 780.

288 Ebd.

289 Ebd., S. 785.

290 Ebd., S. 790.

291 Martin Broszat: Resistenz und Widerstand. Eine Zwischenbilanz des Forschungsprojekts. In: Bayern in der NS-Zeit. Herrschaft und Gesellschaft im Konflikt, hg. von Ders./Elke Fröhlich/Anton Grossmann. München/Wien 1981, S. 692.

trachtung einzubeziehen."[292] Im Rahmen des Forschungsprojekts wurde auch der aus der medizinischen Terminologie stammende Begriff Resistenz geprägt. „Resistenz im Sinne dieser Begriffsbildung bedeutet ganz allgemein: Wirksame Abwehr, Begrenzung, Eindämmung der NS-Herrschaft oder ihres Anspruches, gleichgültig von welchen Motiven, Gründen und Kräften her."[293] In seinem Aufsatz zählt Martin Broszat, Leiter des Projekts, zu den möglichen gesellschaftlichen Akteuren oder Betroffenen auch Jugendliche und soziale Außenseiter, deren „Resistenz" sich in zivilem Ungehorsam, der Aufrechterhaltung von Gesinnungsgemeinschaften außerhalb der gleichgeschalteten NS-Organisationen oder auch in der bloß inneren Bewahrung dem NS widerstrebender Grundsätze und der dadurch bedingten Immunität gegenüber nationalsozialistischer Ideologie und Propaganda, manifestieren konnte.[294] Weiterhin führt er aus, die Voraussetzung dafür, dass diese unterschiedlichen Formen der Einstellung oder des Reagierens den wirkungsgeschichtlichen Begriff der Resistenz erfüllen, ist einzig und allein, dass sie tatsächlich eine die NS-Herrschaft und NS-Ideologie einschränkende Wirkung hatten.[295] Dabei war jenen jungen Menschen wesentlich weniger an oppositionellen Verhalten zuzumuten als denjenigen, die im Dritten Reich noch über Macht und Einfluss verfügten, wie etwa Offiziere oder hohe Beamte.[296]

Die in Bezug auf den Köln-Ehrenfelder-Komplex vorgenommene Trennung von Edelweißpiraten und Nicht-Edelweißpiraten, sowie Kriminellen und Nicht-Kriminellen, ist wenig effektiv. In der Dissertation von Bernd-A. Rusinek heißt es: „Die sechs Jugendlichen wurden am 10.11.1944 nicht deshalb erhängt, weil sie Edelweißpiraten waren. Daß sie in unterschiedlich engem Kontakt zu Edelweißpiraten gestanden hatten, *bevor* sie in den Umkreis Hans Steinbrücks gerieten, erklärt das spätere Handeln der Jugendlichen nicht."[297] Vergegenwärtigt man sich noch einmal der Schlüsselerlebnisse - Günter Schwarz hatte von Hans Steinbrück einige Stückchen präparierter Haut gezeigt bekommen, aus der sich die Lagerkommandantin des KZ in Köln-Deutz Lampen und Brieftaschen anfertigen ließ, und zwar zu einem Zeitpunkt, als Vater und Tante des Jungen in einem Konzentrationslager inhaftiert waren[298]- so wird deutlich, dass sich die Ablehnung der NS-Ideologie nicht auf die Edelweißpiraten beschränken lässt. Nachdem sich die Strukturen der Edelweißpiratenbewegung, aufgrund der ve-

292 Broszat, Resistenz und Widerstand, S. 693.
293 Ebd., S. 697.
294 Ebd.
295 Ebd.
296 Ebd., S. 698.
297 Rusinek, Gesellschaft in der Katastrophe, S. 7.
298 Vgl. Von Hellfeld, Edelweißpiraten in Köln, S. 13.

hementen Verfolgung durch die Kölner Gestapo, weitgehend aufgelöst hatten, kamen die Jugendlichen in Kontakt mit Hans Steinbrück und anderen untergetauchten Erwachsenen. Inzwischen war, durch die einschneidenden Erfahrungen von Haft und Folter, der Hass gegenüber den „Nazis“ nur bestärkt worden. Durch Steinbrück und dessen Umfeld wurden die Jugendlichen nun erstmals mit Waffen konfrontiert. Diese dienten jedoch in erster Linie dazu, das eigene Leben im Kampf gegen die Gestapo-Sonderkommandos verteidigen zu können.

So konträr die Meinungen innerhalb der Kölner Kontroverse waren, so zwiespältig waren auch die Einschätzungen des Edelweißpiratenphänomens durch die alliierten Siegermächte. Abschließend soll daher auf zwei unterschiedliche Perspektiven verwiesen werden. Der britische Sender BBC meldete im Januar 1945: „Es erreichen uns viele Nachrichten vom Geist einer Revolte gegen die Nazis bei Burschen und Mädchen in Deutschland. Die Zahl dieser jungen Menschen, über ganz Deutschland verstreut, ist offenbar groß genug, um Himmler große Schwierigkeiten in einem kritischen Augenblick zu verursachen. Die deutsche Jugend unter zwanzig ist der Reglementierung, des Zwangs und der Propaganda des NS müde, sie will frische Luft, Freiheit und Wahrheit in ihrem Leben. Sie tut viel, die Älteren aufzuwecken und ihnen die Möglichkeit einer Behinderung der Gestapo zu zeigen. In mehreren Städten sind diese antifaschistischen Burschen und Mädchen in enger Fühlung mit ausländischen Arbeitern. Manchmal kann man die Angehörigen der jugendlichen Opposition an bestimmten Zeichen erkennen. Das am meisten verbreitete Zeichen ist das Edelweiß unterm Rockaufschlag. Diese Alpenblume, die hoch in den Bergen blüht, wo keine andere mehr gedeiht, ist von jungen Deutschen als Symbol des Wiederaufblühens der Freiheit in einem Land gewählt worden, wo die Freiheit von Staats wegen tot ist...“[299] Saul Padover, amerikanischer Geschichtswissenschaftler, schrieb hingegen im Jahr 1946: ‘the Edelweiss is not a democratic movement. It follows the "leadership-principle" and is not identified with any enlightened political parties or principles... it is the enemy of our enemy; it is not our friend.’[300]

299 Arno Klönne: Gegen den Strom. Bericht über den Jugendwiderstand im Dritten Reich, S. 108.

300 Perry Biddiscombe: 'The Enemy of our Enemy': A View of the *Edelweiss Piraten* from the British and American Archives. In: JCH 30 (1995), S. 44.

9 Fazit

Das Phänomen der Edelweißpiraten, jahrzehntelang vergessen und frühestens seit 1980 im öffentlichen Bewusstsein präsent, ist zum gegenwärtigen Zeitpunkt noch immer mit Vorurteilen belastet. 2005 gelang mit der offiziellen Anerkennung und Ehrung als NS-Widerstandskämpfer/-Innen, 60 Jahre nach Kriegsende, ein wichtiger Schritt die Edelweißpiraten vom Makel der Kriminalität reinzuwaschen. Nichtsdestotrotz sehen sich überlebende Edelweißpiraten fortwährend mit bösartigen Unterstellungen konfrontiert. Dabei kann die These, dass diese Arbeiterjugendliche im Rahmen ihrer Möglichkeiten aktiven Widerstand gegen das NS-Regime leisteten, sowohl durch Zeitzeugenaussagen wie auch durch verschiedene wissenschaftliche Forschungsarbeiten untermauert werden. Begriffe, die das Verhalten der Edelweißpiraten zu charakterisieren versuchten - wie etwa Resistenz, Dissidenz, Verweigerung oder Unangepasstheit - sind vielfältig aber wohl ausnahmslos zutreffend. Doch nicht alle Jugendliche, die sich im Dritten Reich den Edelweißpiraten anschlossen, können als Widerstandskämpfer bezeichnet werden. Die Bandbreite des unangepassten Verhaltens reichte vom bloßen Fernbleiben der NS-Jugendorganisationen bis hin zu dezidiert politischen Aktionen, wie dem Verteilen von Flugblättern mit regimekritischen Texten. Gertrud Koch, Jean Jülich und Fritz Theilen formulierten nicht nur Flugschriften und Parolen, sie waren von versteckten Juden in Kenntnis gesetzt, versuchten ausländische Zwangsarbeiter mit Nahrungsmitteln zu unterstützen und nahmen an verschiedenen Sabotageaktionen teil. Sie waren von der Ungerechtigkeit des NS-Regimes überzeugt und bereit diesem Widerwillen Ausdruck zu verleihen. Daher gerieten sie in das Visier der Gestapo und wurden erbittert verfolgt, misshandelt und ermordet. Mit einem Auszug aus der Urkunde, die Jean Jülich und anderen Edelweißpiraten am 16. Juni 2005 vom Kölner Regierungspräsidenten Jürgen Roters verliehen wurde, wird die Arbeit beendet:

Die Edelweißpiraten gingen
nicht nur die glatten Straßen.
Sie gingen Wege,
die noch niemand ging.
Sie haben Spuren hinterlassen
und nicht nur Staub.

(frei nach Antoine de Saint-Exupéry)

10 Verzeichnisse

Literaturverzeichnis

Biddiscombe, Perry: 'The Enemy of our Enemy': A View of the *Edelweiss Piraten* from the British and American Archives. In: JCH (Journal of Contemporary History) 30 (1995), S. 37-63.

Bönisch, Georg: Widerstand aus der Gosse. In: Der Spiegel 45 (2005), S. 84-86.

Broszat, Martin: Resistenz und Widerstand. Eine Zwischenbilanz des Forschungsprojekts. In: Bayern in der NS-Zeit. Herrschaft und Gesellschaft im Konflikt, hg. von Ders./Elke Fröhlich/Anton Grossmann. München/Wien 1981, S. 691-709.

Daners, Hermann; Wißkirchen, Josef: Was in Brauweiler geschah. Die NS-Zeit und ihre Folgen in der Rheinischen Provinzial-Arbeitsanstalt. Dokumentation. Verein für Geschichte e.V., Pulheim 2006.

Goeb, Alexander: Er war sechzehn als man ihn hängte. Das kurze Leben des Widerstandskämpfers Bartholomäus Schink. Rowohlt Taschenbuch Verlag, Reinbek bei Hamburg 1982.

Huiskes, Manfred, unter Mitarbeit von Alexandra Gal, Mechthild Golczewski, Arlette Kosch und Monika Skibicki: Die Wandinschriften des Kölner Gestapo-Gefängnisses im EL-DE-Haus 1943-1945. Böhlau Verlag, Köln 1983.

Jovy, Michael: Jugendbewegung und Nationalsozialismus. Zusammenhänge und Gegensätze. Versuch einer Klärung. Eingeleitet von Arno Klönne. Lit-Verlag, Münster 1984.

Jülich, Jean: Kohldampf, Knast un Kamelle. Ein Edelweißpirat erzählt sein Leben. 2. Auflage. Verlag Kiepenheuer & Witsch, Köln 2004.

Jung, Werner/Neumann, Andreas: Gegen den braunen Strom. Kölner WiderstandskämpferInnen in Portraits der Arbeiterfotografie Köln. Emons Verlag, Köln 2000.

Kenkmann, Alfons: Im Visier von HJ, Partei und Gestapo - die »bündische« Jugend. In: Verfolgung und Widerstand im Rheinland und in Westfalen 1933-1945, hg. von Anselm Faust. W. Kohlhammer, Köln 1992, S. 175-185.

Kenkmann, Alfons: Navajos, Kittelbach- und Edelweißpiraten. Jugendliche Dissidenten im ‚Dritten Reich'. In: Piraten, Swings und Junge Garde. Jugendwiderstand im Nationalsozialismus, hg. von Wilfried Breyvogel. Verlag J. H. W. Dietz Nachf., Bonn 1991, S. 138-158.

Kershaw, Ian: „Widerstand ohne Volk?" Dissens und Widerstand im Dritten Reich. In: Der Widerstand gegen den Nationalsozialismus, hg. von Jürgen Schmödecke/Peter Steinbach. München 1985, S. 779-798.

Klönne, Arno: Gegen den Strom. Bericht über den Jugendwiderstand im Dritten Reich. 2. unveränderte Auflage. Norddeutsche Verlagsanstalt O. Goedel, Hannover und Frankfurt am Main 1960.

Klönne, Arno (Hg.): Jugendkriminalität und Jugendopposition im NS-Staat. Ein sozialgeschichtliches Dokument. Nachdruck der Ausgabe von 1941. Lit Verlag, Münster 1981.

Koch, Gertrud: Edelweiß. Meine Jugend als Widerstandskämpferin. Rowohlt Taschenbuch Verlag, Reinbek bei Hamburg 2006.

Koch, Peter: Konrad Adenauer. Eine politische Biographie. Wissenschaftliche Mitarbeit Klaus Körner. Rowohlt Verlag, Reinbek bei Hamburg 1985.

Manthe, Barbara: Navajos und Edelweißpiraten in Köln. Zur Politisierung unangepassten Jugendverhaltens im »Dritten Reich«. In: Geschichte in Köln 54 (2007), Zeitschrift für Stadt- und Regionalgeschichte, S. 197-217.

Manthe, Barbara: Zwischen jugendlichem Freizeitverhalten, Subkultur und Opposition. Unangepasste Jugendliche im nationalsozialistischen Köln. In: Geschichte im Westen (GIW) 22 (2007), Zeitschrift für Landes- und Zeitgeschichte, Themenband: Protest und Gewalt in der Region, S. 89-112.

Morsey, Rudolf/Schwarz, Hans-Peter (Hg.): Adenauer im Dritten Reich. Bearbeitet von Hans Peter Mensing. Wolf Jobst Siedler Verlag, Berlin 1991.

Niethammer, Lutz (Hg.), unter Mitarbeit von Werner Trapp: Lebenserfahrung und kollektives Gedächtnis. Die Praxis der »Oral History«. Syndikat Autoren- und Verlagsgesellschaft, Frankfurt am Main 1980.

Peukert, Detlev: Die Edelweißpiraten. Protestbewegungen jugendlicher Arbeiter im Dritten Reich. Eine Dokumentation. Bund-Verlag, Köln 1980.

Peukert, Detlev/Reulecke, Jürgen, unter Mitarbeit von Adelheid Gräfin zu Castell Rüdenhausen: Die Reihen fast geschlossen. Beiträge zur Geschichte des Alltags unterm Nationalsozialismus. Peter Hammer Verlag, Wuppertal 1981.

Peukert, Detlev: Die "Wilden Cliquen" der Zwanziger Jahre. In: Autonomie und Widerstand. Zur Theorie und Geschichte des Jugendprotestes, hg. von Wilfried Breyvogel. Rigodon Verlag, Essen 1983.

Peukert, Detlev: Volksgenossen und Gemeinschaftsfremde. Anpassung, Ausmerze und Aufbegehren unter dem Nationalsozialismus. Bund-Verlag, Köln 1982.

Peukert, Detlev: Jugend zwischen Krieg und Krise. Lebenswelten von Arbeiterjungen in der Weimarer Republik. Bund-Verlag, Köln 1987.

Rüther, Martin: Köln im Zweiten Weltkrieg. Alltag und Erfahrungen zwischen 1939 und 1945. Darstellungen - Bilder - Quellen. Emons Verlag, Köln 2005.

Rusinek, Bernd-A.: Gesellschaft in der Katastrophe. Terror, Illegalität, Widerstand - Köln 1944/45. Klartext Verlag, Essen 1989.

Rusinek, Bernd-A.: „Wat denkste, wat mir objerümt han." Massenmord und Spurenbeseitigung am Beispiel der Staatspolizeistelle Köln 1944/45. In: Die Gestapo - Mythos und Realität, hg. von Gerhard Paul/Klaus-Michael Mallmann. Mit einem Vorwort von Peter Steinbach. Wissenschaftliche Buchgesellschaft, Darmstadt 1995, S. 402-416.

Schilde, Kurt: Im Schatten der "Weißen Rose". Jugendopposition gegen den Nationalsozialimus im Spiegel der Forschung (1945 bis 1989). Peter Lang, Europäischer Verlag der Wissenschaften, Frankfurt am Main 1995.

Schilde, Kurt: Jugendopposition 1933-1945. Ausgewählte Beiträge. Mit einem Geleitwort von Johannes Tuchel. 1. Auflage. Lukas Verlag, Berlin 2007.

Schmitt, Bruno: Der Widerstand Jugendlicher im Nationalsozialimus. Unter besonderer Berücksichtigung sozialer und politischer Bindungen. Jahn & Ernst Verlag, Hamburg, ohne Angabe des Jahres.

Theilen, Fritz: Edelweißpiraten. Überarbeitete Ausgabe des 1984 im Fischer Taschenbuch Verlag erschienenen gleichnamigen Buches. Hermann-Josef Emons Verlag, Köln 2003.

Timm, Uwe: Heißer Sommer. Süddeutsche Zeitung Bibliothek, München 2008.

Von Hellfeld, Matthias: Edelweißpiraten in Köln. Jugendrebellion gegen das 3. Reich. Das Beispiel Köln-Ehrenfeld. Pahl-Rugenstein Verlag, Köln 1981.

Von Hellfeld, Matthias: Bündische Jugend und Hitlerjugend. Zur Geschichte von Anpassung und Widerstand 1930-1939. Archiv der deutschen Jugendbewegung, Band 3. Verlag Wissenschaft und Politik, Köln 1987.

Von Hellfeld, Matthias/Klönne, Arno: Die betrogene Generation. Jugend in Deutschland unter dem Faschismus. Quellen und Dokumente. 2. Auflage. Pahl-Rugenstein Verlag, Köln 1987.

Informationsbroschüren

Informationsbroschüre für Museumsbesucher.
Das NS-Dokumentationszentrum der Stadt Köln.
Ein Überblick.

Informationsbroschüre über die Ereignisse im Frühjahr 2007 (Briefwechsel, Öffentliche Stellungnahmen, Zeitungsartikel, u. a.). Zusammengestellt von Jean Jülich.

Internetquellen

Online im WWW unter URL:
http://www.museenkoeln.de/ausstellungen/nsd_0404_edelweiss/.

Online im WWW unter URL:
http://www.museenkoeln.de/ausstellungen/nsd_0411_schanghai_neu/default.asp
.

Rüther, Martin: „Wo keine Gitarre klingt, da ist die Luft nicht rein!“ - Anmerkungen zum Singen in der NS-Zeit (PDF).
Online im WWW unter URL:
http://www.museenkoeln.de/ausstellungen/nsd_0411_schanghai_neu/projekt.htm.

Filmmaterial

„Edelweisspiraten“ samt umfangreichem Bonusmaterial.
Ein Film von Niko und Kiki von Glasow (2005).

„Nachforschungen über die Edelweißpiraten.“
Ein Film von Dietrich Schubert (1980).

Abkürzungsverzeichnis

Abkürzung	**Bedeutung**
BBC	British Broadcasting Corporation
BDM	Bund Deutscher Mädel
ds. Js.	des Jahres
Gestapo	Geheime Staatspolizei
HJ	Hitlerjugend
IFA	Interessengemeinschaft für Arbeiterkultur
KHD	Klöckner-Humboldt-Deutz-Werke
KPD	Kommunistische Partei Deutschlands
KZ	Konzentrationslager
Nat.-Soz.	nationalsozialistisch
NS	Nationalsozialismus
NSDAP	Nationalsozialistische Deutsche Arbeiterpartei
OT	Organisation Todt
RFB	Roter Frontkämpferbund
RJF	Reichsjugendführung
RM	Reichsmark
RSHA	Reichssicherheitshauptamt
SA	Sturmabteilung
SD	Sicherheitsdienst des Reichsführers SS
SPD	Sozialdemokratische Partei Deutschlands
SRD	Streifendienst der Hitlerjugend
SS	Schutzstaffel

Anhang

Dokumente der Kölner Gestapo

Dokument 1

Geheime Staatspolizei
Staatspolizeistelle Köln
Sonderkommando Brauweiler Brauweiler, den 10. November 1944
- IV 2 a - Nr. 3085/44. -

An den Herrn Direktor der Provinzialarbeitsanstalt Brauweiler
in Brauweiler

Betrifft: Entlassungsersuchen.
Vorgang: Ohne.

Die nachstehend aufgeführten Personen
1.) Seemann Hans S t e i n b r ü c k,
geb. am 12.4.1921 zu Boslar, ohne feste Wohnung,
2.) Former Peter H ü p p e l e r,
geb. am 9.1.1913 in Köln, Bichendorf, wohnhaft in Köln-Ehrenfeld, Schönsteinstr. 15,
3.) Maschinenschlosser Roland Cornelius L o r e n t,
geb. am 12.3.1920 zu Köln-Lindenthal, wohnhaft in Ehrenfeld, Keplerstr. 21,
4.) Kraftfahrer Josef M o l l,
geb. am 17.7.1903 zu Köln, Ehrenfeld, wohnhaft dortselbst, Christianstr. 12,
5.) Installateurlehrling Johann M ü l l e r,
geb. am 29.1.1928 zu Köln, wohnhaft in Köln-Ehrenfeld, Leyendeckerstr. 113,
6.) Dachdeckerlehrling Bartolomäus S c h i n k,
geb. am 25.11.1927 zu Köln, wohnhaft in Köln-Ehrenfeld, Keplerstr. 33.,
7.) Arbeiter Franz R h e i n b e r g e r,
geb. am 22.2.1927 zu Köln-Ehrenfeld, wohnhaft in Köln-Ehrenfeld, Lichstr. 59,
8.) Kraftfahrer Wilhelm K r a t z,
geb. am 6.1.1902 zu Köln, wohnhaft in Köln-Bickendorf, Vogelsangerstr. 344,
9.) Käufm. Lehrling Gustav B e r m e l,
geb. am 11.8.1927 zu Köln, wohnhaft in Köln-Ehrenfeld, Melatenerstr. 86,
10.) Spediteur Johann K r a u s e n,
geb. am 10.8.1887 zu Köln, wohnhaft in Köln, Lothringerstr. 14,
11.) Arbeitsjunge Adolf S c h ü t z,
geb. am 3.1.1926 zu Köln-Nippes, wohnhaft in Köln-Ehrenfeld, Fröbelplatz 15,

12.) Schneider Heinrich K r a t i n a,
geb. am 15.1.1906 zu Essen, wohnhaft in Köln-Ehrenfeld, Fröbelplatz 15,
13.) Dreherlehrling Günther S c h w a r z,
geb. am 26.8.1928 zu Köln-Lindenthal, wohnhaft in Köln-Ehrenfeld, Platenstr. 28,

sind aus dem Zellengefängnis der Provinzialarbeitsanstalt Brauweiler in Brauweiler zu entlassen. Die Entlassungen wurden um 6,00 Uhr getätigt.

Im Auftrage:
Kütter[301]

301 Siehe Daners/Wißkirchen, Was in Brauweiler geschah, S. 107.

Dokument 2

Geheime Staatspolizei
Staatspolizeistelle Köln

Köln, den 20. Novbr. 1944.

G E H E I M!

An das
Reichssicherheitshauptamt
- IV Gst -
in Berlin

Nachrichtlich:
gemäss Sonderverteiler.

T a g e s r a p p o r t Nr. 1.
Widerstandsbewegung.
Am 10.11.1944 um 8.00 Uhr wurden auf Anordnung des Chefs der Sicherheitspolizei und des SD in Köln-Ehrenfeld öffentlich durch den Strang exekutiert:
1.) Seemann Hans S t e i n b r ü c k,
geb. am 12.4.21 in Rossla/Harz, ohne feste Wohnung,
2.) Former Peter H ü p p e l e r,
geb. am 9.1.13 in Köln-Bickendorf, wohnhaft in
Köln-Ehrenfeld, Schönsteinstrasse 15,
3.) Maschinenschreiner Grenadier Roland Cornelius L o r e n t,
geb. am 12.3.1920 in Köln-Lindenthal,
wohnhaft in Köln-Ehrenfeld, Kepplerstr. 21,
4.) Kraftfahrer Josef M o l l,
geb. am 17.7.1903 in Köln-Ehrenfeld, wohnhaft in
Köln-Ehrenfeld, Christianstr. 12,
5.) Installateurlehrling Johann M ü l l e r,
geb. Am 29.1.28 in Köln, wohnhaft in Köln-Ehrenfeld,
Leyendeckerstr. 113,
6.) Dachdeckerlehrling Bartholomäus S c h i n k,
geb. am 25.11.27 zu Köln, wohnhaft in Köln-Ehrenfeld,
Kepplerstrasse 33,
7.) Arbeiter Franz R h e i n b e r g e r, geb. am
22.2.27 zu Köln-Ehrenfeld, wohnhaft in Köln-
Ehrenfeld, Lichtstrasse 59,

8.) Kaufm. Lehrling Gustav B e r m e l,
geb. am 11.8.27 zu Köln, wohnhaft in Köln-Ehrenfeld,
Melatenerstr. 86,
9.) Arbeitsjunge Grenadier Adolf S c h ü t z,
geb. am 3.1.26 zu Köln-Nippes, wohnhaft in Köln-Ehrenfeld, Fröbelplatz 15,
10.) Dreherlehrling Günther Schwarz,
geb. am 26.8.28 zu Köln-Lindenthal, wohnhaft in Köln-Ehrenfeld, Platenstr. 28,
11.) Schneider Heinrich K r a t i n a,
geb. am 15.1.06 in Essen, wohnhaft in Köln-Ehrenfeld,
Fröbelplatz 15,
12.) Spediteur Johann K r a u s e n,
geb. am 10.8.87 zu Köln, wohnhaft in Köln, Lothringerstr. 14,
13.) Kraftfahrer Wilhelm K r a t z,
geb. am 6.1.02 zu Köln, wohnhaft in Köln-Bickendorf,
Vogelsangerstr. 344.

Bei den Vorgenannten handelt es sich um Mitglieder einer Verbrecherbande, die durch lange Monate die Kölner Bevölkerung und durch Einbrüche, Raubüberfälle und Gewaltverbrechen terrorisiert hat.
Auf meinen Tagesrapport Nr. 3 vom 18.10.44 wird Bezug genommen.

gez.Dr. H o f f m a n n.

Beglaubigt: -

Angestellte.[302]

302 Siehe Daners/Wißkirchen, Was in Brauweiler geschah, S. 108-109.

„Das Lied der Edelweißpiraten"
von Rolly Brings

„Edelweißpiraten

An der Eisenbahnüberführung
Ecke Bartholomäus-Schink-Straße und Venloer Straße
wurde eine Gedenktafel angebracht.

Die Tafel sagt:
Hier wurden am 25.10.1944
elf vom NS-Regime zur Zwangsarbeit nach Deutschland
verschleppte Bürger Polens und der UDSSR
und am 10.11.1944 dreizehn Deutsche
unter ihnen jugendliche Edelweißpiraten aus Ehrenfeld
sowie andere Kämpfer gegen Krieg und Terror
ohne Gerichtsurteil öffentlich durch Gestapo und SS gehenkt.
Wer waren die Jungen aus Ehrenfeld - und wofür wurden sie gehenkt?

Eine Tafel aus Bronze, am Bahndamm angebracht.
Irgendjemand hat einen Strauß Blumen hingelegt.
In der Spielhölle vis-à-vis eine Traumwelt, grell und bunt.
Der Wind treibt Regen über den Platz, wo einst der Galgen stand.

Die Regentropfen rinnen entlang der Mauer des Bahndamms.
Die Venloer Straße ist verstopft. Berufsverkehr 16 Uhr.
Das Leben geht weiter. Was vorbei ist, ist vorbei.
Unter denen, die hier umgebracht wurden, waren Jungen aus Ehrenfeld dabei.

Damals, als in brauner Nacht die Freiheit verreckt ist,
in Uniform, braun, schwarz und grau, das Volk gesteckt wurde,
und der Hinkemann aufhetzte zu Krieg und Überfall,
als die halbe Welt abgebrannt wurde für Führer und das Kapital;

als in Kaserne, Schule und Fabrik die Jugend geschlaucht wurde,
über ausgebombtem Städten und Auschwitz der Rauch stand,
da blühte in unserer Trümmerstadt ein Blümchen, fies gerupft -
doch das ging nicht ein trotz Hakenkreuz, Gestapo und Totenkopf.
Mit Gitarre gegen Nazi-Marsch, so fing es damals an.

Und wurden sie geschnappt auf verbotener Fahrt, dann ging es
drauf und dran:
die Mädchen nach hinten, die hielten die Gitarren fest.
Die Jungen schlugen sich wacker mit HJ, Gestapo und SS.

Sie wollten keine HJ-Montur.
Sie wollten keinen Drill.
Sie fuhren raus in die Natur
und spielten Buffalo Bill.
Im Königsforst, am Felsensee,
mit Gitarre, Träume im Kopf,
da saßen sie und sangen sie.
Kam HJ, wurde draufgeschlagen.
Denn Hakenkreuz und Hitlergruß,
das passte ihnen nicht.
Und auch den Herrenmenschen-Stuss,
den machten sie nicht mit.

Edelweißpiraten - so haben sie sich genannt.
Wo das Blümchen geblüht hat, da war Widerstand.
Das haben die Faschisten ganz genau gekannt.
Doch das wird in kaum einen Schulbuch heute genannt.

Aber als dann '39 unsere Herren Krieg machten,
war ihnen gegen das Edelweiß jedes Mittel recht.
In Brauweiler, im EL-DE-Haus wurden die Jungen zusammengeschlagen.
Dass manch einer noch ein Kind war - das störte die Henker nicht.

Und die sich nicht zerbrechen ließen, die wussten: Jetzt ist Schluss.
Beim nächsten Mal sind wir dran. Wir können nicht mehr nach Hause.
In Ruinen, Parks und Gartenlauben haben sie sich versteckt.
Sie klauten Nahrung und Waffen - denn sonst wären sie verreckt.

Mit manch einem aus dem Untergrund teilten sie brüderlich.
Und wenn Nazis auf sie geschossen haben - ja, dann wehrten sie sich.
Sie haben auch Nazis umgelegt. Doch das hat nicht immer geklappt.
Im Oktober '44 wurde ein Teil von ihnen geschnappt.

Sie wollten keine HJ-Montur...
Eine Tafel aus Bronze, am Bahndamm angebracht.
Irgendjemand hat einen Strauß Blumen hingelegt.
Das Leben geht weiter. Weißt du, was damals war?
Von denen, die hier umgebracht wurden, war der Jüngste 16 Jahre.

Heute heißt das Stück Straße, wo einst der Galgen stand, »Bartholomäus-Schink-Straße«. Der Barthel war einer der Jüngsten, die von den Nazis aufgehangen wurden. Dass das Stück Straße heute nach ihm benannt ist, das kam nicht von allein. Dafür haben wir gekämpft, Jahr um Jahr, gegen die Herren in der Regierung in Köln. Die Herren wollen heutzutage die Edelweißpiraten nicht als Widerstandskämpfer anerkennen und ehren. Dabei berufen sie sich auf Protokolle und Aussagen der damaligen Henker: auf Gestapo-Akten.
Aber wir vergessen nicht.“[303]

303 Vgl. Theilen, Edelweißpiraten, S. 152-157.

„Nur eine Krat“
von Jean Jülich

Ich bin in Köln aufgewachsen, aber in der Gosse.
Meine Eltern waren nicht von Adel, ohne Geld, doch gut.
Reiche Kinder hatten Kleiderstücke, immer akkurat.
Ich hatte eine Hose und nur ein Hemd, denn ich war eine Krat.

Als ich dann langsam älter wurde, spürte ich das Gewicht,
dass andere Menschen anders sind: Nur Reiche waren recht.
Die Welt, der Präses, Rat, Senat, die sagten: So weit kommt es noch!
Wer bist du denn? Wo kommst du her? Du bist doch nur eine Krat!

Wer bist du denn? Wo kommst du her? Du bist doch nur eine Krat!

Das wollte mir gar nicht in den Kopf, dass andere anders sind;
dass die, die nichts haben, „Mob“ heißen. Wo kämen wir da hin?
Der Herrgott und das Grundgesetz, die setzten ein Fanal:
Die Menschen all hier auf der Welt sind alle, ja alle gleich.

Schön wäre das ja, wenn dem so wäre. Doch leider sehe ich ein:
Das stimmt nicht hinten und vorne. Der Stuss macht keinen Sinn.
Ich habe von Anfang an gesagt: Es ist doch in der Tat:
Wer arm geboren, glaubt es mir, der ist und bleibt eine Krat.

Wer bist du denn? Wo kommst du her? Du bist doch nur eine Krat!

Wir Edelweißpiraten passten so gar nicht in den Kram
dem Hitler und seinen Schergen. Doch wisst ihr, wie es kam?
Kirchenfürsten, hochgestellten Persönlichkeiten „gebührt des Ruhmes Grad“!
Doch Widerstand im Vaterland - das ist nichts für eine Krat.

Sie haben sie einfach gehenkt, und heute, heute wird gesagt:
„Echte deutsche Gloria“ steht niemals einer Krat zu.

Wer bist du denn? Wo kommst du her? Du bist doch nur eine Krat![304]

304 Vgl. Jülich, Kohldampf, Knast un Kamelle, S. 180-181.